Edificando *el* Equipo Ganador

MOVIÉNDONOS HACIA LA MADUREZ

ALTON GARRISON

Desarrollado por el Departamento de
Promoción y Adiestramiento de la Escuela Dominical

Gospel Publishing House
Springfield, Missouri
02-1112

Este es el tercero en una serie de cinco libros que tratan con el modelo de discipulado de EDIFICAMOS GENTE. Cada uno de los libros es escrito para proveerle un conocimiento más profundo de cada una de las cuatro bases del modelo. La ilustración del diamante de beisbol mencionada en este libro es adaptada de los materiales desarrollados por el pastor Rick Warren de la iglesia Saddleback para su libro *The Purpose Driven Church: Growth Without Compromising Your Message & Mission* (La iglesia impulsada por un propósito: crecimiento sin comprometer su mensaje y misión) y es usada con permiso de Zondervan Publishing House.

Todas las citas de las Escrituras, a menos que se indique de otro modo, son tomadas de la versión Reina-Valera, Edición 1960 de la Santa Biblia.

Este libro fue publicado en iglés con el título
Building the Winning Team
Por Gospel Publishing House
©1998 por Alton Garrison

ISBN 0-88243-831-X

Impreso en los Estados Unidos de América.

Índice

Prólogo

"Venid en pos de mí", dijo Jesús a sus discípulos, "y os haré pescadores de hombres". Su llamado llevaba un compromiso mútuo: Conforme que los doce discípulos se comprometían a su enseñanza, Jesús se comprometía a ayudarlos en su desarrollo. En los meses que siguieron, Él les enseñó acerca de Dios y de sí mismos. Durante su ministerio terrenal, ellos caminaron, oraron, y aprendieron juntos.

Cuando Jesús regresó al Padre, dejó atrás un grupo de discípulos que causarían un impacto eterno en su mundo. En sus instrucciones finales, Él les mandó continuar lo que le habían visto comenzar: Ellos debían discipular a otros. Esta es todavía la misión de la iglesia.

Una faceta clave del discipulado es la obediencia a las enseñanzas de Cristo. Como uno no puede obedecer lo que no conoce o comprende, la instrucción en la palabra de Dios es esencial para el crecimiento espiritual. Entre las personas en nuestras congregaciones hay nuevos cristianos que están recién iniciando el camino del discipulado. Otros pueden haber sido cristianos por algún tiempo, pero no observan las disciplinas de un discípulo, tales como la oración, el estudio de la Biblia, la administración de su tiempo, talento, y recursos; y compartir la fe de uno con otros. ¿Estamos proveyendo oportunidades para que ellos se desarrollen en su experiencia espiritual de manera que reflejen las enseñanzas de Cristo en su vida y reproduzcan ese patrón en otros? ¿Estamos alentándolos a hacer un compromiso para alcanzar la madurez?

En el modelo de *Edificamos Gente,* este compromiso con la madurez es la Base 2. Después de traer a las personas a una relación personal con Cristo a través de la salvación y con el cuerpo de la iglesia por medio de la amistad, el papel de la iglesia es instruirlos en la Palabra y ayudarlos a desarrollar una vida de oración. La iglesia puede hacer esto (1) inscribiendo a las personas en un grupo de discipulado, (2) enseñando disciplinas espirituales, (3) estableciendo relaciones mentoras, y (4) modelando un estilo de vida bíblico.

A medida que la iglesia desarrolla estos cuatro hábitos y mantiene su compromiso de instruir, las personas son más capaz de hacer y mantener sus compromisos para alcanzar la madurez.

La iglesia que instruye será fuerte, estable, y efectiva. Desarrollará miembros que son verdaderos discípulos—y en los que descubrirá sus dones ministeriales que usará luego en el servicio a Cristo y a la iglesia.

Edificando el Equipo Ganador es un estudio de la segunda base. Es especialmente importante para los maestros de la escuela dominical y líderes de grupos pequeños. Alton Garrison examina cómo los ministerios educativos de la iglesia proveen el formato y la instrucción para dirigir a los discípulos a la madurez completa en Cristo. Él describe los procesos por los cuales la instrucción puede ser mejor realizada y provee un medio práctico para evaluar los ministerios educativos. Su consejo proviene de años de pastoreo y compromiso en ayudar a las personas a crecer en su madurez espiritual.

La educación cristiana no es opcional. Por definición un discípulo es un alumno, y aprender es un proceso de toda la vida. *Edificando el Equipo Ganador* es una oportunidad para cada líder de reexaminar la prioridad de la enseñanza en la iglesia. Es un desafío a desarrollar experiencias de buena calidad que alentarán a cada creyente a ser parte de un grupo de discipulado y a convertirse en un maduro discípulo de Jesucristo.

Introducción

La Ley de la Instrucción Definida

La Ley de la Instrucción dice: Una iglesia que forma discípulos provee un proceso intencional de instrucción basada en la Biblia y centrada en la vida que contribuye al aprendizaje y desarrollo de toda la vida de los creyentes.

Cuatro Hábitos de las Iglesias que Forman Discípulos

Para cumplir el compromiso de formar en discípulos a los creyentes en desarrollo, la iglesia debe enfocarse en cuatro hábitos:

INSCRIBIR EN UN GRUPO DE DISCÍPULOS

Inscribir a las personas en un grupo de discipulado. Esto es fundamental para todo discipulado eficaz. El grupo es el mejor lugar para aprender, desarrollar, y practicar los principios de la vida cristiana. Las personas necesitan un grupo y responsabilidad para ayudarlos a incrementar en compromiso y crecimiento espiritual. En el grupo ellos encuentran y cumplen el designio de Dios para su vida. Ellos obtienen un sentido de pertenencia y pueden desarrollar sus identidades singulares.

ENSEÑAR DISCIPLINAS ESPIRITUALES

El hábito de enseñar disciplinas espirituales se desarrolla comprendiendo cuáles son las disciplinas básicas, la necesidad de enseñarlas, y cómo enseñarlas mejor.

ESTABLECER UNA RELACIÓN MENTORA

La práctica mentora es una unión entre Dios, otros mentores, la Palabra, el Espíritu Santo, y la persona que está siendo objeto de mentoría. Pablo describe la relación mentora en 1 Corintios 3:6: "Yo planté, Apolos regó; pero el crecimiento lo ha dado Dios".

MODELAR UN ESTILO DE VIDA BÍBLICO

Cuanto más cerca se alineen los valores, el carácter y el estilo de vida de los miembros con la vida cristiana bíblica, mayor será su influencia sobre los demás y su comunidad. Los líderes, miembros individuales, y la iglesia en general aumentan su eficacia en formar discípulos al modelar un estilo de vida bíblico.

Metas de Discípulos Comprometidos a Madurez

¿Cuándo sabemos que el individuo se ha comprometido a madurez y la iglesia está practicando efectivamente la Ley de la Instrucción?

Cuando los creyentes se comprometen al crecimiento y desarrollo espiritual para toda la vida, poniendo toda su vida—conciencia, actitudes, y acciones—a un nivel espiritual más elevado.

En la Base 2 los verdaderos discípulos reflejan el siguiente crecimiento en las siguientes áreas:

METAS DE CONCIENCIA

Las personas se comprometen a madurez cuando (1) saben que el bautismo en el Espíritu Santo es para todos los creyentes y que provee un poder sobrenatural para la vida como testigos; (2) saben que la semejanza a Cristo es la meta de la vida cristiana; (3) saben que amar a Dios es la dirección principal de la vida del creyente; (4) saben que el amor a Dios se demuestra por nuestro amor a los demás; y (5) conocen los principios y mandamientos bíblicos que proveen dirección en fe y conducta.

METAS DE ACTITUD

Las personas se comprometen a madurez al asumir una actitud que (1) desea el bautismo en el Espíritu Santo, (2) desea una vida semejante a la de Cristo; (3) desea amar plenamente a Dios; (4) está interesada en las necesidades espirituales y materiales de otros; y (5) desea vivir regido por los principios y mandamientos bíblicos.

METAS DE ACCIÓN

Las personas se comprometen a madurez cuando toman acción e (1) ingresan a una vida llena del Espíritu en la que buscan y reciben el bautismo en el Espíritu Santo; (2) hacen de los principios y mandamientos de la Biblia el factor dominante en todas sus decisiones; (3) desarrollan un consecuente patrón de oración y adoración en grupo e individualmente; (4) responden a las necesidades espirituales y materiales de otros; y (5) estudian la Biblia de manera regular y sistemática.

Descripción de los Discípulos Comprometidos a Madurez

Los discípulos comprometidos a madurez crecen. Al colocar a Cristo en primer lugar, viven separados del pecado y consagrados a Dios. Crecen en la Palabra a través del estudio y la memorización regular y sistemática de las Escrituras. Con la ayuda del Espíritu Santo, aplican consecuentemente los principios y mandamientos de la Biblia a las decisiones que toman. Mantienen una vida devocional consecuente, al crecer en fe, carácter, y oración intercesora. Entran en una vida llena del Espíritu al ser bautizados en el Espíritu Santo. Asisten a la iglesia regularmente, muestran amor y sirven a otros creyentes. Se identifican con Él donde viven y trabajan; manifiestan un deseo de testificar; dan un testimonio claro y presentan el evangelio con creciente eficacia. Como discípulos, son abiertos y fácil de enseñar. Son seguidores y aprendices visibles de Jesucristo.

Recursos

Estos recursos, disponibles por medio de Casa Evangélica de Publicaciones y las actividades, se concentran intencionalmente en ayudar a los creyentes a desarrollar los valores, el carácter, y el estilo de vida de los verdaderos discípulos.

CLASES DE ADULTOS DE LA ESCUELA DOMINICAL

El Currículum de Vida Radiante para adultos y jóvenes adultos y la Serie de Descubrimiento Espiritual.

NUEVOS CREYENTES/CLASES DE DISCIPULADO Y ESTUDIOS BÍBLICOS HOGAREÑOS

Beating Mediocrity, por John Guest (03-1109)

Your New Life in Christ (Su nueva vida en Cristo), por Michael Clarensau (02-0766)

Pentecostal Experience: The Writings of Donald Gee (La experiencia pentecostal: Los escritos de Donald Gee), ed. David Womack (02-0454)

1
El Caso de Madurez

La Primera Iglesia era una iglesia en crisis. La estancada congregación recién había elegido a un nuevo pastor que trajo cambio a ella. Ahora el cambio estaba llegando al departamento de la Escuela Dominical. Por varios años, Polly había sido la superintendente de escuela dominical. De hecho, ella la había fundado. Pero el nuevo pastor le estaba pidiendo que asumiera un papel diferente. Todos los miembros temían que Polly abandonara la Primera Iglesia. Después de todo, ¡era *su* escuela dominical! Polly se presentó ante los obreros de la escuela dominical para anunciar su decisión. Todos esperaban ansiosamente. Polly declaró: "Amo esta escuela dominical. De hecho, yo la fundé. Creo en esta iglesia y creo en este pastor. ¡Días más grandes esperan a la Primera Iglesia!" El grupo asombrado se sentó en silencio y luego aplaudieron a Polly.

Casos como el anterior ocurren en iglesias en todo el país. Infortunadamente, el resultado no siempre es el mismo que en la Primera Iglesia. ¿Qué era diferente en esta iglesia? ¿Qué era diferente en Polly? Polly era una persona madura. ¡Los creyentes maduros son grandes líderes y maravillosos miembros del equipo!

Definiendo Madurez

El diccionario define la palabra madurez como "desarrollo

completo". La describe además como "el surgir de características personales y de conducta a través de procesos de crecimiento". Así como las cosas vivientes pasan por el proceso de madurez física, todos los creyentes deben pasar por un
proceso de madurez espiritual. En el desarrollo espiritual, la
madurez es un estilo de vida cristiano desarrollado al aprender los principios de Cristo y practicarlos por el poder del
Espíritu Santo. La Biblia se refiere a la madurez cuando dice
que "toda la Escritura es inspirada por Dios, y útil para
enseñar, para redargüir, para corregir, para instruir en justicia, a fin de que el hombre de Dios sea *perfecto, enteramente
preparado para toda buena obra*" (2 Timoteo 3:16, 17).

Note la meta siendo identificada por Pablo:

"A fin de que el hombre de Dios sea perfecto, enteramente
preparado para toda buena obra". La palabra griega de la que
proviene "perfecto" es *artios* . . . "adecuado, completo, suficiente;
capaz de cumplir con todas las demandas". Generalmente esto
se relaciona con el carácter de uno—quién es la persona. La
meta principal de Dios es que el carácter de cada creyente sea
transformado a través del tiempo a la imagen de Jesús. La
segunda (parte de esta meta) es "enteramente preparado" y
proviene de la palabra griega *exertismenos,* relacionada con la
misma raíz de *artios.* Significa "completamente adecuado,
equipado, y suplido." ¿Con qué propósito? Para "toda buena
obra". De esta manera la conducta del creyente es apropiada y
activa en el servicio al Señor. Dios dispensó la Biblia para alcanzar dos metas: cambiar en carácter (quién soy yo) y conducta (lo
que hago). Si el creyente no se asemeja cada vez más a Cristo. . .
y . . . si no está siendo equipado para el servicio efectivo,
entonces las Escrituras no están cumpliendo su propósito en la
vida de ese creyente.[1]

La meta de cada iglesia, clase de escuela dominical, grupo
pequeño, o programa de discipulado, debe ser producir madurez
en la vida de sus miembros. ¡Esto es verdad para toda edad y
todo nivel de desarrollo espiritual! Para programar y planear la

obtención de la madurez, los maestros, pastores, y líderes deben tener un entendimiento básico de la madurez espiritual.

Hechos sobre la Madurez Espiritual

LA MADUREZ NO SE DETERMINA POR LA EDAD

El mundo iguala edad con madurez. Las personas automáticamente presumen que el señor con cabellos blancos es maduro y que el adolescente enérgico es inmaduro. El Salmo 119:100 presenta un criterio diferente de la madurez en el reino de Dios: "Más que los viejos he entendido, porque he guardado tus mandamientos; de todo mal camino contuve mis pies, para guardar tu palabra".

El salmista indica que un joven es capaz de tener mayor grado de comprensión que los ancianos al meditar en la palabra de Dios y seguir sus instrucciones. La edad no determina la madurez; más bien la determina la obediencia a la Palabra. Nunca es demasiado temprano ni demasiado tarde para decidir crecer.

LA MADUREZ NO SE DETERMINA POR LA EDUCACIÓN

Muchos creyentes presumen erróneamente que el conocimiento de las Escrituras, de la teología, de la escatología, o de la historia bíblica produce madurez. Ser capaz de recitar el fruto del Espíritu en ninguna manera garantiza su operación. El conocimiento de los Diez Mandamientos no asegura que viviremos según lo que dicen. La información sin aplicación no produce fruto. La madurez se concreta cuando la información y la aplicación se unen. ¿Puede un creyente con un nivel de educación de sexto grado ser más maduro que un graduado del instituto bíblico? Sí, comprendiendo los principios de la Palabra y aplicándolos a su vida. El Salmo 119:99 dice: "Más que todos mis enseñadores he entendido, porque tus testimonios son mi meditación".

El Salmista tuvo más entendimiento que aquellos con más educación. ¿Por qué? Por meditar en la palabra de Dios y obedecer sus principios. Además del conocimiento, la madurez espiritual incluye el carácter y la conducta del creyente.

La Madurez es un Compromiso con el Crecimiento y Desarrollo Espiritual de una Vida Entera

La madurez requiere de tiempo, compromiso, y esfuerzo para crecer. El crecimiento espiritual no sigue automáticamente a la conversión. Hebreos 5:12, 13 ilustra esto:

> "Porque debiendo ya ser maestros, después de tanto tiempo, tenéis necesidad de que se os vuelva a enseñar cuáles son los primeros rudimentos de las palabras de Dios; y habéis llegado a ser tales que tenéis necesidad de leche, y no de alimento sólido. Y todo aquel que participa de la leche es inexperto en la palabra de justicia, porque es niño."

El escritor de Hebreos compara estas personas inmaduras con bebés que ni siquiera han crecido para ingerir comida sólida. Crecer en Dios es una decisión. Una persona debe tener el deseo de crecer y estar dispuesto a hacer el esfuerzo necesario. Filipenses 2:12, 13 ilustra aún más este punto: "Por tanto, amados míos, como siempre habéis obedecido, no como en mi presencia solamente, sino mucho más ahora en mi ausencia, ocupaos en vuestra salvación con temor y temblor, porque Dios es el que en vosotros produce así el querer como el hacer, por su buena voluntad".

Note que dice "ocupaos" en vuestra salvación. No hay nada más que usted puede agregar a lo que Cristo ha hecho por su salvación. En estos versículos Pablo está hablando del crecimiento espiritual a las personas que ya son salvas. Dios tiene una parte en nuestro crecimiento pero también lo tenemos nosotros.

"Llegar a ser semejante a Cristo es el resultado de los compromisos que tomamos. Llegamos a ser aquello a lo cual nos comprometemos. Sin un compromiso para crecer, cualquier crecimiento será incidental, antes que intencional."[2]

El crecimiento espiritual que conduce a la madurez comienza con el tipo de compromiso descrito en Romanos 6:13: " . . . presentaos vosotros mismos a Dios como vivos de entre los muertos, y vuestros miembros a Dios como instrumentos de justicia." El crecimiento espiritual no siempre es fácil. Requiere de esfuerzo.

La Madurez es un Proceso

Vivimos en una época en la cual todo es instantáneo. Con el surgir de las tarjetas de crédito, no tenemos que esperar por nada. Podemos tener todo ahora. Tal vez tengamos que pagarlo el resto de nuestra vida, pero es nuestro ahora. La madurez no opera de esa manera. En la vida cristiana no hay una cosa tal como cualidad rápida o madurez de microondas. La mayoría de nosotros tenemos dificultad en comprender que Dios no tiene prisa. El no apura el desarrollo de nuestra vida cristiana. Cuando recién somos salvados, es común experimentar un período de crecimiento rápido. Dios sabe que necesitamos desarrollar un fuerte sistema de raíces. Pero eso no continúa así. Dios también sabe que para que haya un desarrollo sano, el paso debe ser modificado.[3]

No hay atajos hacia la madurez. Requiere de tiempo, esfuerzo, y determinación. Muchas personas buscan una respuesta rápida, una clave, que los acelerará en el proceso de madurez. No existe tal clave. "Antes bien, creced en la gracia y el conocimiento de nuestro Señor y Salvador Jesucristo" (2 Pedro 3:18).

El proceso de madurez continúa por toda la vida. Un cristiano siempre debe estar creciendo y aprendiendo. Santiago describe con las siguientes palabras la secuencia que Dios usa para producir madurez en la vida de Sus hijos:

Hermanos míos, tened por sumo gozo cuando os halléis en diversas pruebas, sabiendo que la gracia de vuestra fe produce paciencia. Mas tenga la paciencia su obra completa, para que seáis perfectos y cabales, sin que os falte cosa alguna (Santiago 1:2-4).

Perseverancia es una palabra que muchos han llegado a odiar. La definición del diccionario revela por qué: "persistir en un estado, empresa o proyecto a pesar de las influencias contrarias, oposición o desaliento". Perseverar no es divertido.

Sin embargo, Santiago indica que es esencial para producir madurez. Dios usa la prueba en el proceso de formar nuestra madurez para asegurar que nuestro carácter se adecúe a nuestra conducta y nuestro conocimiento.

LA MADUREZ REQUIERE DE DISCIPLINA

Primera Timoteo 4:7 dice: "Ejercítate en la piedad." La palabra ejercicio rara vez evoca imágenes positivas—el entrenamiento básico, entrenamiento de mascotas, etc. El entrenamiento puede ser desagradable, aburrido, frustrante— además de requerir autodisciplina.

Considere los principiantes corredores de larga distancia. Su calendario de entrenamiento tiene por objeto preparar al atleta para correr la maratón. El primer día pide una milla. Pero para la marca de la media milla las piernas están cansadas, el estómago se endurece, y siente un ardor en los pulmones. La milla parece como un maratón. Pero cada día los atletas corren un poco más lejos. Sienten molestias en medio de la noche por espasmos musculares cuando los músculos de las piernas se resienten por ser empujados a nuevos límites. Se despiertan con músculos doloridos y duros, e imploran tener un día libre o ir más despacio con el entrenamiento. Pero el corredor de larga distancia estira las piernas y comienza a correr de nuevo, a menudo repitiendo el conocido dicho: "Sin dolor no hay ganancia." José Ortega y Gasset lo expresó de esta manera: "El esfuerzo es solamente esfuerzo cuando comienza a doler." Empujar los límites del cuerpo produce fortaleza y entereza más allá de las limitaciones anteriores. Y un día, meses más tarde, el cuerpo está finalmente fortalecido hasta el punto de poder correr un maratón completo.

Pablo compara nuestro andar cristiano con este corredor de larga distancia:

> No que lo haya alcanzado ya, ni que ya sea perfecto; sino que prosigo, para ver si logro asir aquello para lo cual fui también asido por Cristo Jesús. Hermanos, yo mismo no pretendo haberlo ya alcanzado; pero una cosa hago: olvidando ciertamente lo que

queda atrás, y extendiéndome a lo que está delante, prosigo a la meta, al premio del supremo llamamiento de Dios en Cristo Jesús. Así que, todos los que somos perfectos, esto mismo sintamos; y si otra cosa sentís, esto también os lo revelará Dios (Filipenses 3:12-15).

Para continuar creciendo en madurez espiritual, nosotros, como el corredor de larga distancia, a menudo debemos hacer lo que es difícil. Es difícil mantener la disciplina diaria del estudio bíblico, de la oración, y de la meditación. A veces es difícil levantarse de la cama los domingos por la mañana o apurarse por llegar del trabajo a la iglesia los miércoles por la noche. Pero el cristiano que está madurando comprende la necesidad de la perseverancia.

LA MADUREZ ES UNA META

La madurez no es un destino. Hay definitivamente lugar para que el creyente madure. Nunca alcanzaremos la completa semejanza a Cristo hasta que lleguemos al cielo. Pablo habló a la iglesia en Corinto sobre nuestra perfección final: "Así también vosotros; pues que anheláis dones espirituales, procurad abundar en ellos para edificación de la iglesia" (1 Corintios 13:12).

A través de la vida del creyente, la madurez debe permanecer como la meta. Desde el superintendente general de las Asambleas de Dios al cristiano principiante, todo creyente debe continuar madurando.

Comprendiendo el Discipulado

Un creyente maduro es llamado discípulo. Cuando cada departamento, clase de escuela dominical, grupo pequeño, pastor y líder acepta la meta de producir creyentes maduros, el resultado son discípulos.

En el primer siglo de la era cristiana, los discípulos eran individuos que se asociaban con otra persona para aprender de ella. El alumno era llamado "discípulo". A la persona que seguía se le llamaba "maestro". El método antiguo griego de discipulado da mayor comprensión al significado:

Los pupilos griegos no tenían que sentarse en bancos en las clases. En vez de eso, ellos eran llevados por sus ufanos padres o pacientes esclavos en una arboleda donde crecían limoneros, naranjos, y olivos. A la sombra de esos hermosos y aromáticos árboles se se erguía barbudo el maestro vestido con una larga túnica blanca. Una vez que los pupilos (discípulos) eran reunidos, el maestro comenzaba a caminar entre los árboles compartiendo con ellos la lección para ese día. Los pupilos seguían a su maestro al caminar, y sin lugar a dudas, siendo niños, trataban de imitar cada gesto suyo. Con el tiempo aprendían algo a pesar de sí mismos, y lo que aprendían se mostraba en conductas conscientes e inconscientes. Para la mente griega, el discipulado significaba seguir, aprender e imitar. Estos tres conceptos son del todo evidente en el impacto que Cristo produjo en sus discípulos, y son hoy igualmente poderosos para moldear al discípulo.[4]

¿Qué, pues, es un discípulo? Alguien que tiene una contínua relación personal con un maestro, cuya vida es un patrón que imitar. Los hábitos, la conversación, la personalidad, la conducta, las reacciones y actitudes del discípulo se conforman a los del maestro. Lucas describe la relación: "El discípulo no es superior a su maestro; mas todo el que fuere perfeccionado, será como su maestro" (Lucas 6:40). Como efecto de este seguimiento orientado en la vida, el alumno comparte luego diligentemente con otros ese aprendizaje.

¿Cuál es la meta de la iglesia? La meta de la iglesia es producir discípulos de Jesucristo. Al producir discípulos, el efecto exponente es increíble. En una iglesia efectiva, cada discípulo produce otros discípulos que a su turno producen otros discípulos, que a su vez producen otros discípulos. El creyente maduro, aunque sigue el ejemplo de Cristo, busca continuamente dirigir a otros en el mismo camino.

El discípulo no se reconoce por el conocimiento, sino por la obediencia. El discipulado es conocer y obedecer los mandamientos de Jesús. Naturalmente, un discípulo de Jesucristo desarrolla hábitos que se conforman con el carácter y la voluntad de Jesús. "Los hombres deciden sus hábitos; sus hábitos deciden su futuro."[5] Hay muchos hábitos que se pueden desarrollar; pero cinco hábitos principales se encuentran en los creyentes maduros.

Cinco Hábitos de un Discípulo

LECTURA DE LA BIBLIA

La oposición humana nunca ha podido vencer el poder de la palabra de Dios. Los discípulos reconocen el poder disponible para ellos al meditar en las Escrituras. "El discipulado significa cambiar continuamente para ser más y más semejante a Jesucristo. A esto debe dirigirnos nuestro tiempo en las Escrituras."[6]

Su fortaleza depende exclusiva y enteramente de cuánto de la Palabra pone dentro suyo. De hecho, un estudio reveló que cuanto más la gente lee su biblia, tanto más felices son.

El estudio reveló que casi el 90% de los asiduos lectores de la Biblia dicen que sienten paz casi todo el tiempo, comparado con el 58% de las personas que leen la Biblia menos de una vez al mes. Otros descubrimientos: el 92% de los asiduos lectores de la Biblia dicen tener por ello un claro propósito y significado en la vida comparado con el 69% de los lectores que no la leen con frecuencia. El 81% de los lectores de la Biblia dicen que se sienten contentos todo el tiempo o la mayor parte de él, comparado con el 67% de los lectores no asiduos. Casi dos terceras partes (64%) de los asiduos lectores de las Escrituras dicen que sienten gozo todo el tiempo o la mayor parte de él—una cantidad que representa casi el doble de la de aquellos que leen la Biblia menos de una vez al mes.[7]

La Palabra obrará en su corazón y su vida. Considere estas descripciones de la fuerza de la Palabra:

1. La Palabra es fuego consumidor (Jeremías 5:14)
2. La Palabra es como martillo que quebranta la piedra (Jeremías 23:29).
3. La Palabra es como energía vivificante (Ezequiel 37:7).

4. La Palabra es como poder salvador (Romanos 1:16)
5. La Palabra es como arma defensiva (Efesios 6:17).
6. La Palabra es como instrumento cortante (Hebreos 4:12).

La palabra de Dios es una palabra viva y poderosa, que da vida. Es un escudo para la defensa y una espada para el ataque. Los creyentes maduros reconocen el poder que poseen cuando leen diariamente la palabra de Dios. La Biblia dice que hasta nuestra prosperidad y buen éxito dependen de la Palabra. "Nunca se apartará de tu boca este libro de la ley, sino que de día y de noche meditarás en él, para que guardes y hagas conforme a todo lo que en él está escrito; porque entonces harás prosperar tu camino, y todo te saldrá bien" (Josué 1:8). Los discípulos están comprometidos al tiempo diario en la palabra de Dios. Es el manual para el discipulado cristiano.

ORACÍON

Una vida de constante oración no es una opción para el discípulo. Para llegar a ser como el Maestro, usted debe pasar tiempo regular con él. La oración es nuestro medio de comunicación con nuestro Padre celestial. El objeto de la oración no es principalmente aprender o tener una experiencia emotiva. La oración es ante todo un acto de amor. Cuando oramos, además de exponer nuestras necesidades, expresamos nuestro amor a nuestro Padre celestial. Luego, en la tranquilidad de nuestro tiempo devocional, Él susurra palabras de esperanza, aliento, fortaleza, valor, y sanidad a nuestro espíritu.

Hay poder en la oración. Jesús habló del poder de la oración: "Si permanecéis en mí, y mis palabras permanecen en vosotros, pedid todo lo que queréis, y os será hecho. En esto es glorificado mi Padre, en que llevéis mucho fruto, y seáis así mis discípulos" (Juan 15:7, 8).

Nehemías es un gran ejemplo de un hombre que hizo de la oración su prioridad. Cuando se enteró de que las murallas de Jerusalén estaban aún en ruinas, él buscó al Señor por días con llanto y ayuno (vea Nehemías 1:2-4). La oración vino primero. La reconstrucción misma de las murallas vino más tarde. La oración fue la prioridad que produjo la brecha por la que entraron los propósitos de Dios en el asunto.

La oración es, ante todo, el medio de Dios para atraernos a sí mismo. Yace en el corazón de nuestra relación con Dios. En el acto de la oración, nos allegamos a Dios por quien es Él. Comenzamos a reconocer que nuestra búsqueda es a menudo más importante que el recibir. Ciertamente nosotros necesitamos la oración más que Dios.

No es sorprendente, por tanto, que los individuos de oración continua y extendida a menudo se convierten en personas con gran celo y pasión por Dios, ¡en discípulos entusiastas! Para que nuestros corazón se mantenga libre de los amores, deseos, y distracciones de nuestro mundo, debe sentirse continuamente atraídos hacia Dios y estar ejercitado en la oración. Dios nos anhela, y desea llenar nuestro corazón con su corazón. Esta es su prioridad. La oración es el agente por el cual esta experiencia se concreta.

La oración también extiende el plan de Dios en el mundo. La primera respuesta de Nehemías al escuchar las malas nuevas no fue tomar el asunto en sus propias manos. En vez de eso, se asoció con Dios para avanzar sus planes divinos. A esto se llama "orar en la voluntad de Dios". La oración se convierte en una prioridad porque abraza la voluntad de Dios para intervenir en la vida de las personas, de las iglesias, y de las naciones. La oración no es torcer el brazo de un Dios renuente; es abrazar el corazón de un Dios dispuesto.

El discípulo reconoce que la oración es el método principal para comunicarse con el Maestro. El discípulo establece un tiempo de oración diario como parte de su horario personal. La oración es esencial para el crecimiento continuo del discípulo.

Asistencia

Un discípulo comprende la importancia de asistir regularmente a la iglesia. Hebreos 10:25 constituye un mandamiento bíblico para arraigar este hábito: "No dejando de congregarnos, como algunos tienen por costumbre, sino exhortándonos; y tanto más, cuanto veis que aquel día se acerca".

Asistir a la iglesia no hace automáticamente un cristiano. Sin embargo, asistir a la iglesia ayuda al discípulo a desarrollar una vida consecuente y en concordancia con los preceptos de Dios. El discípulo asiste a la iglesia por tres razones principales:

1. **Asegurar el crecimiento continuo.** Un discípulo está comprometido al crecimiento para toda la vida. ¿Cómo crecen los niños? Los niños crecen físicamente al ser alimentados con comida. Ellos crecen intelectualmente al ser enseñados. Crecen espiritualmente en proporción directa con la cantidad y buena calidad de la instrucción piadosa que reciben. ¿Cómo aseguran los discípulos su crecimiento continuo? Ellos crecen al buscar nueva información, verdades más profundas, y principios bíblicos recién revelados. Es posible crecer espiritualmente sin asistir a la iglesia, pero no es probable.

2. **Ministrar a los demás.** Hay muchas avenidas para el ministerio. Uno de los principales lugares para ministrar es la iglesia. Los discípulos sirven en posiciones clave de liderazgo en la iglesia local, como maestros de escuela dominical, miembros de la directiva, ujieres, y obreros en la sala de bebés. ¡El discipulado es más efectivo cuando los discípulos están creando discípulos! ¿Dónde se ve esto a menudo? En la iglesia. El creyente maduro asiste a la iglesia no sólo para recibir dirección espiritual, sino para dirigir a otros a la madurez.

3. **Ejemplo a los demás.** El discípulo asiste regularmente a la iglesia porque es lo que debe hacerse. Los líderes son continuamente observados por los demás. Los líderes modelan la conducta que desean que los demás sigan. En una iglesia se pregunta a los miembros: "Si todos asistieran a la iglesia como lo hace usted, ¿qué tipo de iglesia sería esa?" Los creyentes maduros modelan la madurez.

DIEZMAR

¿Qué es el diezmo? La palabra diezmo significa "décima

parte". Diezmar es devolver a Dios el 10% de sus ingresos totales que Él personalmente ha designado para usted.

Un discípulo es reconocido por ofrendar en obediencia a Dios. Muchos creyentes no diezman; además, los predicadores son renuentes a encarar sus congregaciones al respecto. Temen alienarlas o parecer codiciosos. Pero el diezmo es un mandamiento de Dios para el creyente: "Y el diezmo de la tierra, así de la simiente de la tierra como del fruto de los árboles, de Jehová es; es cosa dedicada a Jehová" (Levítico 27:30).

Algunas personas piensan que estos pasajes de las Escrituras sólo se aplican a los israelitas del Antiguo Testamento. Sin embargo, yo creo que un estudio un poco más profundo prueba lo contrario. Primero, Abraham dio el diezmo antes de que la Ley fuera entregada a Moisés. Segundo, Jesús lo reconoció como una práctica digna aun entre los indignos fariseos (vea Mateo 23:23). Tercero, si el diezmo fue destinado a la simiente de Abraham, eso incluye a aquellos en Cristo. "Y si vosotros sois de Cristo, ciertamente linaje de Abraham sois, y herederos según la promesa" (Gálatas 3:29). Cuarto, no hay pasaje en las Escrituras que refute el diezmo para considerarlo una práctica obsoleta.[8]

Todo lo que tenemos nos fue dado por Dios. De hecho, ¡Dios posee todo el dinero! "Mía es la plata, y mío es el oro, dice Jehová de los ejércitos" (Hageo 2:8).

El discípulo no sólo da, sino que se goza de dar a Dios y a su iglesia. Un consecuente hábito de ofrendar indica la prioridad que en la vida de uno tiene seguir al Maestro. "En la presencia del Señor tu Dios comerás la décima parte de tu trigo, tu vino y tu aceite . . . Así aprenderás a temer siempre al Señor tu Dios" (Deuteronomio 14:23 Nueva Versión Internacional). El diezmo es una característica distintiva del discipulado.

Cuando ofrendamos a Dios, comenzamos un ciclo de bendición que es perpetuo. Las semillas que plantamos en el reino de Dios producen una cosecha en nuestra propia vida. De conformidad con las propias palabras de Jesús, un individuo que no esté dispuesto a diezmar y dar simplemente no puede ser un discípulo. "Así, pues, cualquiera de vosotros que no renuncia a todo lo que posee, no puede ser mi discípulo" (Lucas 14:33).

TESTIMONIO

Los discípulos efectivos comparten lo que han encontrado. Testificar es un mandamiento de Jesús a sus discípulos: "Por tanto, id, y haced discípulos a todas las naciones, bautizándolos en el nombre del Padre, y del Hijo, y del Espíritu Santo; enseñándoles que guarden todas las cosas que os he mandado; y he aquí yo estoy con vosotros todos los días, hasta el fin del mundo" (Mateo 28:19, 20).

El "ir" para un considerable número de cristianos consistirá en cruzar un océano, pero para aquellos que honradamente creen que esto no es lo que el Maestro desea para ellos, el mandamiento no es menos crucial. ¿Qué de ir al otro lado de la ciudad hasta otro grupo étnico, o al otro lado de la calle a una familia del vecindario, o aun al otro lado de la oficina hasta otro colega? Siempre hay un lugar donde ir, y eso significa cruzar algún tipo de barrera—sea geográfica, política, social, o simplemente psicológica. Debería ser evidente a todos los discípulos en cualquier era que el discipulado de las naciones no se lleva a cabo cuando los discípulos que saben no van.[9]

Es raro que una persona llegue al conocimiento salvador de Jesucristo sin un mensajero, alguien que lleve la divina invitación del evangelio. Emocionado por su propia transformación personal, un discípulo no puede esperar ver que la misma transformación ocurra en otros. Una persona que descubriera la fuente de la juventud la compartiría con el mundo. ¿Por qué? Porque cambiaría la manera en que las personas viven. Una persona que descubre una manera segura, efectiva, y fácil de bajar de peso excesivo la compartiría con el mundo. ¿Por qué? Cambiaría la vida de la gente. ¡Nuestro conocimiento de la gracia salvadora de Jesucristo transformaría la vida de las personas en una manera aun mayor!

El simple mensaje del evangelio cambia la vida y transforma el carácter. "Si usted tiene una biblia, entonces se le ha confiado un abastecimiento de semillas para toda la vida. ¡No subestime su capacidad para plantarlas en la vida de sus amigos no cristianos!"[10] Los discípulos continuamente buscan oportunidades para presentar a otros a su Maestro. Hágase esta pregunta: ¿Cuáles son las personas a mi alrededor cuya vida está siendo tan influida por mí que también se están convirtiendo en discípulos?

Inmadurez

Si la oración, la lectura de la Biblia, el diezmo, y el testimonio son signos de madurez en la vida de los creyentes, ¿cuáles son las características de la inmadurez? Uno de los ejemplos más notables de inmadurez en la Biblia es Sansón. Dios dotó a Sansón con gran fuerza; lo ungió como libertador de su pueblo. Las grandes hazañas de Sansón entusiasman a las clases de la escuela dominical, e inspira a jóvenes varones a mostrar sus músculos y "matar al enemigo". Pero Sansón, no obstante el poder que recibió de Dios, lo perdió todo. Si usted observa la vida de Sansón, verá el peligro de vivir un estilo de vida menos que comprometido. Cuando usted no vive una vida enteramente consagrada, cada día y en toda manera posible corre el riesgo de seguir el camino de Sansón. Este vivió por sus sentimientos antes que por sus compromisos.

¿Es usted un creyente inmaduro? Responda honradamente estas 10 preguntas:

1. ¿Pierdo frecuentemente mi temperamento?
2. ¿Cometo repetidamente los mismos errores?
3. ¿Tomo decisiones contra el consejo de mis dirigentes espirituales?
4. ¿Tengo conflictos no resueltos con otras personas?
5. ¿Soy menos que fiel en diezmar a mi iglesia local?
6. ¿Pierdo a menudo mi tiempo de oración y estudio de la Biblia debido a mi ocupación o al cansancio?

7. ¿Asisto a la iglesia según mi conveniencia y falto a los servicios a menudo?
8. ¿Hago promesas a Dios que soy incapaz de cumplir?
9. ¿Hay veces cuando otros me considerarían intemperante?
10. ¿Guardo rencores contra aquellos que me hicieron daño?

Si respondió que sí a cualquiera de las preguntas de arriba, usted ha identificado un área de inmadurez en su vida. Si respondió que sí a varias de las preguntas, tiene por qué sentir gran preocupación.

Características de la Inmadurez

Como ha sido notado, la historia de Sansón en el Antiguo Testamento revela que la inmadurez, entre otras cosas, llevó a su caída. Su inmadurez se manifestó en las siguientes maneras.

Rebeldía

Sansón se entregó a la lujuria. En tres capítulos se refiere que él se enamora de tres mujeres. Él continúa entrando y saliendo de relaciones. En Jueces 14:1, 2 leemos: "Descendió Sansón a Timnat, y vio enTimnat a una mujer de las hijas de los filisteos. Y subió, y lo declaró a su padre y a su madre, diciendo: Yo he visto en Timnat una mujer de las hijas de los filisteos; os ruego que me la toméis por mujer."

En esencia, Sansón dijo: "Ella me agrada, se ve bien para mí". *Las personas inmaduras toman decisiones basadas en placer antes que principios.* Cuando comenzamos a vivir nuestra vida por capricho antes que por convicción, vamos rumbo a los problemas. Sansón hizo un voto de no casarse con una inconversa. Dios advirtió a Sansón. Sus padres lo advirtieron. Pero Sansón desdeñó su voto, a sus padres, y a su Dios, y se casó con ella. Sansón descartó el plan de su vida por un tiempo de placer.

Muchas personas hacen promesas a Dios. En un momento de rendición, prometen de nuevo honrar sus votos matrimoniales. Los adolescentes prometen permanecer puros hasta el matrimonio. El alcohólico en recuperación promete nunca beber de nuevo. El estudiante inconstante promete encontrar el tipo de buenos amigos. El ama de casa ocupada promete dedicar un momento cada día a la oración, a la lectura de la Biblia, y a la meditación. Es bueno cuando los creyentes prometen honrar a Dios en sus hábitos. El inmaduro abandonará el compromiso por experimentar la gratificación inmediata.

Muchas personas vienen al altar cada domingo para confesar el mismo pecado. Al final del servicio, caminan otra vez por el pasillo y prometen a Dios que no ocurrirá otra vez. Pero, esa misma semana, rompen de nuevo su promesa. ¿Es su arrepentimiento poco sincero? No. Son inmaduros. El poder del Espíritu Santo puede ayudar un creyente a disciplinar sus deseos. El una vez impulsivo Pedro escribió acerca del papel del Espíritu Santo en el crecimiento cristiano:

> Puesto que Cristo ha padecido por nosotros en la carne, vosotros también armaos del mismo pensamiento; pues quien ha padecido en la carne, terminó con el pecado, para no vivir el tiempo que resta en la carne, conforme a las concupiscencias de los hombres, sino conforme a la voluntad de Dios. Baste ya el tiempo pasado para haber hecho lo que agrada a los gentiles, andando en lascivias, concupiscencias, embriagueces, orgías, disipación y abominables idolatrías . . . Mas el fin de todas las cosas se acerca; sed, pues, sobrios, y velad en oración (1 Pedro 4:1-3, 7).

El creyente inmaduro no ha aprendido aún a gobernar los deseos de acuerdo con la palabra de Dios. La inmadurez se expresa como rebeldía.

RESENTIMIENTO

Las personas le harán daño, lo desilusionarán, y romperán sus promesas. Es fácil llegar a ser un resentido. Sansón vivió en un constante estado de enojo. Reaccionaba violentamente a todo. Su principal motivación en la vida era vengarse. Una vez mató a treinta hombres, ¡solo para ponerse a cuentas en una apuesta! Jueces 15 da un cuadro descriptivo del resentimiento de Sansón:

> Aconteció después de algún tiempo, que en los días de la siega del trigo Sansón visitó a su mujer con un cabrito, diciendo:

entraré a mi mujer en el aposento. Mas el padre de ella no lo dejó entrar. Y dijo el padre de ella: Me persuadí de que la aborrecías, y la di a tu compañero. Mas su hermana menor, ¿no es más hermosa que ella? Tómala, pues, en su lugar. Entonces le dijo Sansón: *Sin culpa seré esta vez respecto de los filisteos, si mal les hiciere.* Y fue Sansón y cazó trescientas zorras, y tomó teas, y juntó cola con cola y puso una tea entre cada dos colas. Después, encendiendo las teas, soltó las zorras en los sembrados de los filisteos, y quemó las mieses amontonadas y en pie, viñas y olivares. Y dijeron los filisteos: ¿Quién hizo esto? Y les contestaron: Sansón, el yerno del timnateo, porque le quitó su mujer y la dio a su compañero. Y vinieron los filisteos y la quemaron a ella y a su padre. Entonces Sansón les dijo: *Ya que así habéis hecho, juro que me vengaré de vosotros, y después desistiré.* Y los hirió cadera y muslo con gran mortandad; y descendió y habitó en la cueva de la peña de Etam. Entonces los filiestos subieron y acamparon en Judá, y se extendieron por Lehi. Y los varones de Judá les dijeron: ¿Por qué habéis subido contra nosotros? Y ellos les respondieron: A prender a Sansón hemos subido, para hacerle como él nos ha hecho. Y vinieron tres mil hombres de Judá a la cueva de la peña de Etam, y dijeron a Sansón: ¿No sabes tú que los filisteos dominan sobre nosotros? ¿Por qué nos has hecho esto? Y él les respondió: *Yo les he hecho como ellos me hicieron.* (Jueces 15:1-11, énfasis añadido)

Sansón dijo, "me vengaré." Lo dijo tres veces según se registra en un solo capítulo. La excusa de Sansón fue que ellos lo hirieron primero. Estaba reaccionando con ira en vez de actuar en obediencia.

Las personas inmaduras reaccionarán con resentimiento, enojo y explosiones violentas de temperamento. Cuando las personas pierden el dominio propio, se han marcado a sí mismas como inmaduras. Proverbios 29:11 dice: "El necio da rienda suelta a toda su ira, mas el sabio al fin la sosiega". El resentimiento derrota al que lo abriga. Job 5:2 dice: "Es cierto que al necio lo mata la ira". Usted no puede guardar rencores y seguir la voluntad de Dios.

Las personas abandonan iglesias, amistades, y relaciones por las cosas más insignificantes. Un antiguo miembro puede abandonar la iglesia porque nadie lo llamó el domingo pasado cuando estuvo enfermo. Un alumno puede abandonar su clase después de 10 años por no ser escogido para una posición. Los hijos adultos rehúsan ver a sus hermanos porque dijeron algo incorrecto en la mesa el Día de Acción de Gracias anterior. Las personas inmaduras alimentan sus resentimientos hasta que estos se convierten en rencores. Ellos alimentan sus rencores hasta que estos se convierten en ofensas. Acarrean sus ofensas hasta que éstas determinan su conducta. Las personas llenas del Espíritu Santo deben aprender a temperar sus reacciones.

NEGLIGENCIA

Las personas inmaduras son descuidadas. Lo son con su dinero, con sus palabras, con su tiempo, con sus compromisos y afectos.

Sansón continuamente arriesgó su compromiso motivado por un capricho. Él jugó con la tentación. Fue atrevido demasiadas veces y Dalila le cortó la cabellera, fuente de su fuerza. Después que Dalila le cortó el pelo y se despertó, Sansón dijo: "Esta vez saldré como las otras y me escaparé. Pero él no sabía que Jehová ya se había apartado de él" (Jueces 16:20).

Sansón caminó cerca del borde. Él conocía el poder de Dios y la fortaleza que poseía, pero fue descuidado. El tomó riesgos. Con cada riesgo que tomó, se volvió más valentonado, más atrevido. Finalmente, la última vez, él fue demasiado lejos.

Las gente no cae de un día para otro del peñazco del carácter. Comienza con pequeños pasos en esa dirección. Conocen el fuego del Espíritu; Dios los ha tocado. Pero se enfrían. Las personas inmaduras se vuelven descuidadas con los dones preciosos de Dios. Cambian su compromiso por conveniencia, el poder de Dios por personalidad, y la unción por aprobación. Eventualmente alcanzan el lugar donde la pureza se practica parcialmente. Se vuelven descuidados con sus convicciones y aun con su salvación.

Negándose a sí Mismo

Si, a diferencia de Sansón, vamos a disciplinar nuestros deseos, atemperar nuestras reacciones, y mantener nuestros compromisos, debemos aprender el método correcto. Puede ser resumido en cuatro palabras: *negarse a sí mismo.* Pablo dijo: "cada día muero" (1 Corintios 15:31). ¿Murió Pablo físicamente cada día? Por supuesto que no. Pablo aprendió que para crecer y madurar y ser más semejante a Jesús, tenía que morir a sí mismo cada día. ¿Qué significa morir a sí mismo? Estas diez declaraciones ofrecen alguna perspectiva:

1. Cuando puede sin sentir celos, sino más bien con regocijo, observar que sus compañeros y quienes están cerca suyo prosperan y alcanzan buen éxito entonces puede saber el significado de morir a sí mismo.

2. Cuando usted puede observar, sin sentir envidia, que otros alcanzan y reciben recompensas y reconocimiento que a usted le gustaría tener, eso es negarse a sí mismo.

3. Cuando puede ver que las necesidades de otros son suplidas abundantemente cuando las de usted son mucho mayores, y no cuestiona a Dios o deja de ser agradecido por lo que tiene, eso es negarse a sí mismo.

4. Cuando usted no busca la alabanza, cumplidos, o aprobación, y cuando puede vivir sin el frecuente reconocimiento y aplauso, eso es negarse a sí mismo.

5. Cuando puede con buena disposición aceptar la crítica y aprender de ella con una actitud moldeable, y cuando permite a otros hacer un trabajo para el que usted sabe que está mejor capacitado, eso es negarse a sí mismo.

6. Cuando se somete a una autoridad en deferencia a Dios, aunque usted no esté de acuerdo o no lo comprenda, eso es negarse a sí mismo.

7. Cuando puede estar contento con menos que las mejores

circunstancias sin afligirse o quejarse, eso es negarse a sí mismo.

8. Cuando puede aceptar las interrupciones que Dios fija en su calendario, y soportar pacientemente las irritaciones, eso es negarse a sí mismo.

9. Cuando está contento de permitir a Dios arreglar las cuentas y feliz de esperar por su recompensa en el cielo, eso es negarse a sí mismo.

10. Cuando tiene, en fin, la actitud de Jesús, eso es negarse a sí mismo.

2
Características de la madurez

Si un creyente maduro es un discípulo, entonces el discipulado es el proceso por el cual se producen creyentes maduros adicionales. ¡Ese es el aspecto emocionante de la madurez! Los discípulos, cuando son apropiadamente equipados, serán eficaces en el papel principal de un discípulo: producir otros discípulos. Los beneficios de este "ministerio de multiplicación" son enormes. ¿Cuántos pastores se han sentido abrumados ante la perspectiva de orientar a cientos de miembros a la madurez? Los maestros de la escuela dominical a menudo se abruman al tener que conducir una gran clase a la vida como discípulos. Pero el ministerio de multiplicación expande rápidamente la influencia del maestro. Jesús comprendió el valor de la multiplicación. Cientos y miles de personas siguieron a Jesús; todos anhelaban pasar tiempo diariamente con Él. Jesús podía haber pasado cada día predicando a una multitud de miles. Pero escogió a los Doce para que fueran sus discípulos. De los montones de personas, seleccionó a 12 hombres con varios antecedentes y personalidades para andar a su lado. ¿Por qué? Jesús comprendía las limitaciones de su forma humana. Como hombre, Él podía estar en un solo lugar al mismo tiempo, ministrando a un grupo de personas. Él no podía realizar la obra de esparcir por sí mismo el evangelio. Sin embargo, Jesús reconoció el poder de reproducirse a sí mismo en otros. Por tanto escogió pasar mucho tiempo con los Doce, enseñándoles, dirigiéndolos, y mostrando el ministerio a ellos. A su vez, los doce discípulos recibieron la tarea de ir y producir más discípulos. Ellos comunicarían a sus seguidores todo lo que habían aprendido del Maestro. Esta multiplicación ha continuado desde los tiempo del Nuevo Testamento hasta hoy.

Por tanto, ¿cuál es su trabajo como discípulo? Su trabajo es enseñar a otros lo que ha aprendido, crear discípulos adicionales. Los mismos hábitos que usted exhibe serán exhibidos en la vida de sus discípulos. Los hábitos principales de oración, lectura de la Biblia, asistencia a la iglesia, diezmar, y testificar serán reproducidos en sus discípulos.

El discipulado en la iglesia local puede realizarse en muy diversas maneras. La escuela dominical es el medio principal del discipulado en muchas iglesias. Los grupos de discipulado pueden también ser creados para trabajar en un específico curso de estudio durante un tiempo específico. Los individuos pueden discipular a otros en una relación de uno a uno. Los recién conversos pueden ser discipulados en una clase creada para introducirlos a las doctrinas básicas de la iglesia. Los niños, jóvenes, adultos, todos los segmentos de la iglesia, pueden incorporarse en el proceso del discipulado. No hay límites a los diversos programas y métodos que pueden ser utilizados para crear discípulos.

Muchos son renuentes a trabajar en el discipulado porque no comprenden su propósito. Algunos confunden el discipulado con las relaciones mentoras, otros con evangelismo. Todos estos tres ministerios son importantes para el cuerpo de Cristo. Sin embargo, para se eficiente en el discipulado, uno debe comprender las diferencias. El siguiente cuadro ayudará a esclarecer los diversos aspectos de cada ministerio.

	EVANGELISMO	DISCIPULADO	RELACIONES MENTORAS
¿Es bíblico?	Enseñado y modelado en las Escrituras	Enseñado y modelado en las Escrituras	Modelado en las Escrituras
Ejemplos en las escrituras	Pablo	Timoteo	Bernabé
¿Cuán grande es la necesidad?	Desesperada	Desesperada	Desesperada
Base principal del intercambio	Contenido	Contenido	Relación
Tipo de papel	Convencer a los incrédulos y defender la fe, presentando las buenas nuevas	Enseñar a nuevos creyentes las verdades espirituales	Cuidar y ayudar a una persona en todos los aspectos de la vida
¿De quién es este trabajo?	Trabajo del evangelista (el evangelio)	Trabajo del discipulador (preceptos espirituales)	Trabajo del mentor (metas/problemas)
Entrenamiento requerido	Persona equipada como evangelista	Conocimiento académico y dominio personal de las disciplinas espirituales	Experiencia práctica de la vida relevante para el mentor
Cuadro de tiempo	Menos de una hora (típicamente)	Curso de estudio determinado	Para toda la vida en cuanto sea necesario
Enfoque del tiempo juntos	Presentar la oportunidad de la salvación	Enseñanza de las disciplinas espirituales	Apoyo en todas las áreas de la vida
Secuencia en el proceso de crecimiento	Debe venir primero	Puede comenzar en cualquier momento	Comienza después de la salvación
Importancia de la química personal	Requiere de respeto	Requiere de respeto	Respeto y afinidad personal requeridos
Cantidad aproximada de personas incorporadas	Posiblemente miles evangelizados en toda una vida	Posiblemente cientos de discipulados en toda una vida	Grupos pequeños "mentoreados" en toda una vida

	EVANGELISMO	DISCIPULADO	RELACIONES MENTORAS
Paralelos de los papeles modernos	Evangelistas y oradores brillantes y articulados	Maestro disciplinado y maduro	Tía, tío, o amigo íntimo
Mensaje esencial	¡Arrepiéntanse, necesitan ser salvos! El reino de Dios está cerca	Madurar espiritualmente, esto es lo que necesita saber, hacer o llegar a ser	¿Cómo puedo ayudarte a llegar a donde te diriges?
Resultado de la relación	Salvación o rechazo	Reproducir discípulos	Amistad de toda la vida
¿Quiénes deben estar incorporados?	Todos los inconversos	Todos los creyentes	Cualquiera que desee la relación[11]

Es nuestra tarea crear oportunidades para el discipulado de cada creyente en cada estado del desarrollo espiritual. Para que el discipulado se realice correctamente en la iglesia local, varios bloques de construcción deben tomar lugar.

Bloque de Construcción 1: Responsabilidad

Para que el discipulado sea una realidad, debe haber una atmósfera de responsabilidad establecida. Responsabilidad es un término del que se ha abusado mucho en años recientes. Responsabilidad no consiste en la dirección de cada detalle de la vida del discípulo por parte del maestro. En vez de eso, responsabilidad es la que el discípulo ofrece al maestro. Responsabilidad es una palabra que va de abajo hacia arriba: del subordinado al superior. Para que la responsabilidad sea efectiva, debe ser ofrecida, nunca exigida.

La relación matrimonial es un perfecto ejemplo de responsabilidad. Considere la siguiente situación en la que la responsabilidad es descuidada:

María, sentada a la mesa del comedor, prepara su lección para la escuela dominical del día siguiente. Su esposo, David, sin decir una palabra, abre el garaje y sale en su automóvil. Va a la estación de servicio para cambiar el aceite. Regresa una hora más tarde y encuentra a su esposa enojada, y exigiendo que le diga dónde fue.

¿Qué ocurrió? No se dio ninguna responsabilidad. Al contrario, se demandó una explicación. El resultado es tensión.

Ahora considere la misma situación con una actitud de responsabilidad:

María, sentada a la mesa del comedor, prepara su lección para la escuela dominical. Su esposo, David, entra al cuarto y dice: "Querida, voy a cambiar el aceite del auto. Volveré en una hora. ¿Necesitas algo mientras estoy afuera?" Ella responde: "No, gracias, te veré más tarde". David va a cambiar el aceite de su automóvil, y en una hora regresa a un hogar feliz.

¿Qué ha ocurrido? David ofreció responsabilidad a su esposa. El resultado es una atmósfera de mutuo entendimiento.

La responsabilidad es esencial en una iglesia. Más que transmitir información, ofrece al maestro o discipulador la oportunidad de moldear y formar la vida del alumno. ¿Cómo se manifiesta la responsabilidad en la iglesia?

1. El maestro de la escuela dominical comunica al superintendente que llegará tarde durante las próximas tres semanas debido a circunstancias en su trabajo. En vez de llegar a las 9:30 de la mañana, 30 minutos antes de comenzar la clase, vendrá a las 10:00 am.

2. El miembro de la clase llama al maestro para hacerle saber que encara cierta dificultad en completar la tarea de esa semana. Sus hijos han estado enfermos y ha tenido que cuidar de ellos en vez de estudiar.

3. La secreataria de la clase informa al maestro que estará de vacaciones y que faltará a la clase los dos siguientes domingos.

4. Una señora miembro del personal notifica al pastor que el esposo de ella está agripado y que por ello no vendrá a la iglesia esa mañana.

En cada caso anterior se ha ofrecido responsabilidad. Cada situación pudo haber resultado en tensión. Sin embargo, como cada uno tomó la iniciativa de ofrecer responsabilidad, todos trabajan juntos para el bien común. ¿El resultado de cada situación?

1. En vez de preguntarse por qué su maestro principal de repente aparece apenas a tiempo, la superintendente ocupa su lugar antes de la clase. Ella hace que un voluntario arregle la clase y reciba a los alumnos al llegar. Cuando la situación del maestro en su trabajo se estabiliza, él reasume su responsabilidad y vuelve a llegar a las 9:30. El maestro tiene ahora un nuevo aprecio por su superintendente.

2. En vez de considerar al alumno como perezoso y carente de motivación, la maestra muestra mucha paciencia con él. Como madre, comprende la dificulad de los hijos enfermos. Además, ella pide a los miembros de la clase que ayuden a preparar comidas para la familia en problemas. Los niños se mejoran, y el miembro ausente se actualiza en su tarea, agradecido por la ayuda de su clase.

3. En vez de enojarse con la secretaria de la clase por sus inexplicadas ausencias, el maestro consigue un substituto para los dos siguientes domingos. La secretaria regresa de vacaciones renovada y lista para servir.

4. En vez de imaginarse, el pastor sabe por qué está ausente el esposo de la señora miembro de la clase, y aun ora por él en el servicio de la mañana. El enfermo se recupera por las oraciones del pastor y regresa a clase el siguiente domingo.

La responsabilidad debe ser ofrecida en una base continua. Un miembro del personal de pastores escribe:

> Varias veces cada año pregunto a mi pastor: ¿Hay algo que estoy haciendo o que no hago que usted necesita que cambie? ¿Hay alguna manera en que puedo servirle mejor? Esto da al pastor la oportunidad de evaluarme de manera continua. El asociado debe ofrecer responsabilidad, y el pastor principal, a su vez, debe estar dispuesto a encarar al asociado cuando una corrección sea necesaria. Esto asegura que los asuntos menores nunca lleguen a ser problemas mayores.[12]

La responsabilidad se manifiesta tanto en situaciones de grupo como individuales. Un maestro de escuela dominical ofrece su responsabilidad al superintendente y al pastor. Esto ayuda a crear una atmósfera de confianza y trabajo en equipo. Un pequeño grupo puede crear una atmósfera de mutua responsabilidad. Cada miembro del grupo de discipulado de hombres llena un formato cada semana en respuesta de las siguientes preguntas:

1. ¿Completó las tareas?
2. Esta semana:
   a. ¿Hizo algo que no debió hacer?
   b. ¿Fue a algún lugar donde no debía?
   c. ¿Vio algo que no debió haber visto?
   d. ¿Dijo algo que no debió haber dicho?
3. ¿Dijo la verdad en todas las preguntas anteriores?

Al responder estas directas preguntas, los hombres han formado una estructura de responsabilidad. Muchas veces una atmósfera de responsabilidad sirve como un impedimento al pecado. Cuando usted sabe que esta semana alguien va a preguntarle sobre sus preceptos, tiene un incentivo adicional para hacer lo que debe.

Bloque de Construcción 2: Lealtad

El segundo bloque del discipulado es la lealtad. Del diccionario define lealtad como: "la cualidad o estado de ser leal". Ser leal significa ser "inquebrantable en alianza". La lealtad es un componente esencial en las relaciones efectivas. El discípulo debe ser leal al líder, y el líder debe ser leal a los alumnos.

La cualidad de la lealtad también ayuda a asegurar que no se erijan reinos personales. Una de las cosas más dañinas que pueden ocurrir en una iglesia o departamento es que un líder procure establecer un reino personal, o una "iglesia dentro de la iglesia". Este individuo busca establecer una agenda personal, separada de la visión de la iglesia. Un ejemplo bíblico de una agenda personal se halla en la conducta de Absalón.

Aconteció después de esto, que Absalón se hizo de carros y caballos, y cincuenta hombres que corriesen delante de él. Y se levantaba Absalón de mañana, y se ponía a un lado del camino junto a la puerta; y a cualquiera que tenía pleito y venía al rey a juicio, Absalón le llamaba y le decía: ¿De qué ciudad eres? Y él le respondía: Tu siervo es de una de las tribus de Israel. Entonces Absalón le decía: Mira, tus palabras son buenas y justas; mas no tienes quien te oiga de parte del rey. Y decía Absalón: ¡Quién me pusiera por juez en la tierra, para que viniesen a mí todos los que tienen pleito o negocio, que yo les haría justicia! Y acontecía que cuando alguno se acercaba para inclinarse a él, él extendía la mano y lo tomaba, y lo besaba. De esta manera hacía con todos los israelitas que venían al rey a juicio; y así robaba Absalón el corazón de los de Israel (2 Samuel 15:1-6).

Absalón buscó subestimar al rey, su propio padre, David. El espíritu de Absalón es sutil y manipulativo. Es lo opuesto a la lealtad. El espíritu de Absalón dice: "A él no le interesa tus necesidades, pero a mí sí". "Yo conozco tus heridas y puedo ayudarte, aunque nadie más lo haga". Hay dos principios para ayudarlo a prevenir el espíritu de Absalón.

DESVIAR LA ALABANZA

Las personas, a menudo involuntariamente, pondrán a su maestro contra su pastor u otro maestro. Una manera en que esto ocurre son los halagos. A la gente le encanta alentar al perdedor. Es popular apoyar la causa del individuo menor. ¿Cómo ocurre esto en la iglesia? Un miembro de la clase se acerca al maestro y dice: "¡Esa fue una buenísima lección! Aprendí más de esto que del sermón". ¿Qué está él diciendo? En una manera sutil, tal vez inadvertida, está creando tensión entre el maestro y el pastor. Es difícil saber cómo responder a este tipo de comentario. Una manera efectiva de protegerse contra el espíritu de Absalón es desviar la alabanza. El maestro que ha aprendido a hacer esto responderá: "Gracias, es una bendición tener un pastor maravilloso que me ha enseñado mucho." O, "gracias, estoy contento de que la lección lo haya ministrado, pero tengo que decirle algo: el sermón del pastor realmente me ministró a mí".

Esta técnica obtiene tres cosas. Primero, recuerda al que ofrece la alabanza que usted es un miembro leal del equipo. Segundo, lo protege como receptor de la alabanza de desarrollar un ego inflado. Tercero, crea un espíritu de equipo cuando usted reconoce que sus esfuerzos son parte de un cuadro más grande.

El pastor o líder utiliza la misma técnica para protegerse de actitudes impropias. "Los líderes que admiramos no se ubican en el centro; sino que ponen a otras personas allí. No buscan la atención de las personas; se la dan a otros. No se concentran en satisfacer sus propias metas y deseos."[13]

Los pastores que han aprendido cómo desviar la alabanza siempre compartirán su buen éxito con sus subordinados. A menudo responderán a un halago con, "gracias, ¡no podría hacerlo sin un maravilloso equipo de voluntarios que trabajan largo y duro!" Los líderes que responden de esta manera afirman a los miembros de su equipo e inspiran lealtad en aquellos que les sirven.

La lealtad no es algo que un líder puede demandar. Es algo que las personas deciden dar al líder que lo ha ganado. ¡Usted puede inspirar lealtad en sus discípulos!

MINISTRAR EN EL NOMBRE DE JESÚS Y EN EL NOMBRE DEL PASTOR

La segunda manera de evitar el espíritu de Absalón es ministrar en el nombre del Señor Jesús y del pastor de usted. ¿Cómo hace esto? Cuando visite a los miembros de la clase en el hospital, dígales: "Te amo y estaba preocupado por ti. El pastor Ramírez está orando por ti también." Esto muestra al paciente que usted se preocupa por él y que el pastor también. El enfoque opuesto diría: "El pastor estaba demasiado ocupado para visitarte hoy, pero yo tomé un día libre porque me preocupo por ti." Este enfoque desleal crea tensión en el equipo y destruye la unidad. De la misma manera, al hacer una visita, el pastor dice: "Estoy orando por ti hoy. Yo sé que tu maestro y tu clase están orando también." El paciente entiende que el equipo está preocupado.

La lealtad permite al maestro y los alumnos trabajan en una atmósfera de unidad. Esto es vital para el discipulado. Es en una atmósfeta como tal que la interacción positiva y transparente puede manifestarse. Sin lealtad, el proceso se desintegra.

Bloque de Construcción 3: Credibilidad

Para discipular a otros, uno debe ser un líder creíble. La raíz de credibilidad es *credo,* que significa "yo confío o creo". Las personas no están dispuestas a seguir a alguien en quien no creen. Cada maestro, cabeza de departamento, superintendente, y obrero tiene que establecer credibilidad personal. "Sin un fundamento de credibilidad personal, los líderes no pueden tener esperanza de alistar a otros en una visión común."[14] "La credibilidad del liderazgo es lo que determina si las personas desearán dar un poco más de su tiempo, talento, energía, experiencia, inteligencia, creatividad, y apoyo."[15]

En su libro *Credibilidad,* James Kouzes y Barry Pozner citan las seis disciplinas de la credibilidad:

1. **Descubrirse a sí mismo.** Para ser creíble como líder, usted debe primero esclarecer sus propios valores, los preceptos por los cuales decide vivir. Para ser un líder creíble, necesita tener carácter, cuyos ingredientes esenciales son credo, competencia, y confianza.

2. **Apreciar a los constituyentes.** Para ser un líder, usted necesita desarrollar un profundo entendimiento de los valores colectivos y deseos de sus constituyentes. El liderazgo es una relación, y las relaciones fuertes se construyen sobre el entendimiento mutuo.

3. **Afirmar los valores compartidos.** Los líderes creíbles honran la diversidad de sus muchos constituyentes. También encuentran un terreno común para el acuerdo.

4. **Desarrollar la capacidad.** Es esencial que los líderes desarrollen continuamente la capacidad de sus miembros para mantener sus compromisos. Usted debe educar, educar, educar.

5. **Servir un propósito.** Los líderes creíbles saben que son

sus acciones visibles las que muestran su verdadero compromiso.

6. **Sostener la esperanza.** Los líderes creíbles mantienen viva la esperanza.

Estos principios son importantes en la vida de cualquier líder.

Credibilidad es personas que creen que lo que usted dice es algo de lo cual pueden depender, algo que pueden creer inmediatamente. Credibilidad es la consecuencia entre sus palabras y sus acciones. El maestro que enseña acerca del amor debe modelar amor. Una serie sobre el fruto del Espíritu es rápidamente socavada por las acciones opuestas del maestro, donde quiera que se manifiesten. Las personas no permitirán ser discipuladas por alguien que no es creíble.

Bloque de Construccion 4: Compatibilidad

El cuarto bloque del discipulado es la compatibilidad. Es casi imposible discipular a alguien si ambos no pueden relacionarse como amigos (vea Juan 15:15). Para que el discipulado sea efectivo, el maestro y el discípulo necesitan compartir un terreno común. La compatibilidad no es siempre automática. Muchas veces usted necesita trabajar para congeniar con otro individuo. Varios componentes de la compatibilidad pueden ayudarlo a establecer un terreno común:

LA TEORÍA DEL SOMBRERO DE MCDONALD

Si usted desea trabajar en los restaurantes McDonald's, necesita usar un sombrero, no importa que le guste o no. Es parte del trato. Si no está dispuesto a usar el sombrero, búsquese otro lugar donde trabajar. El trabajo en una iglesia tiene similitudes. Muchas personas desean enseñar una clase pero no quieren las demás responsabilidades que acompañan a esa función: Cada maestro necesita estar comprometido a una preparación profunda, orar por sus alumnos, evaluar las necesidades de su clase, llamar a los ausentes, cuidar de los enfermos y dar seguimiento a los visitantes. Cada maestro tiene que aceptar el desafío de producir crecimiento y madurez en la vida de sus alumnos. Si no desea asumir tales responsabilidades, no enseñe la clase.

TRES CÍRCULOS DE INTERÉS

Cada iglesia, cada clase, tiene individuos con diferentes intereses. A menudo surgen conflictos cuando no entendemos los cuadros de referencia de las demás personas. La gente cae principalmente dentro de una de estas tres categorías: corporativa, causa, y comunidad. Este cuadro lo ayudará a comprender las diferencias entre ellas.

Necesitamos los tres tipos de personas en nuestros grupos. Entender las diferentes perspectivas de cada tipo lo ayudará a utilizar cada clase de individuo en su iglesia o grupo de estudio. Los individuos en el círculo corporativo forman excelentes superintendentes de escuela dominical, diáconos, y miembros de la comisión de construcción. Los que se hallan en el círculo de causa son hábiles en reunir a las personas para una necesidad común. Son excelentes para organizar protestas, peticiones, distribuir guías de información para los votantes, y organizar proyectos de benevolencia. Los individuos en el círculo de comunidad organizan cenas, son dotados en el cuidado pastoral, y excelentes en el ministerio de recepción y secretarios de clases. Les encanta llamar por teléfono a las personas. Son individuos sociables.

Podemos aprender a congeniar con los demás cuando comprendemos sus puntos fuertes y sus vulnerabilidades. La compatibilidad se patentiza cuando los miembros de la clase están operando en el reino de sus dones y afirmando su necesidad de los otros dones.

	COMUNIDAD	CAUSA	CORPORATIVA
Pasaje de las Escrituras	Hechos 2:42	Mateo 16:18	1 Corintios 14:40
Metáfora	Familia	Ejército	Negocios
Valores	Amor	Ganar una guerra	Efectividad y eficiencia

	COMUNIDAD	CAUSA	CORPORATIVA
Papeles	Familia: padres, hermanos	Militar: general, etc.	Empleado: gerente, etc.
Persona clave	Persona más débil	El más comprometido	El más productivo
Cómo entrar	Nacido o adoptado	Unirse o ser enlistado	Contratado
Cómo salir	No se puede	Asesinado	Despido o renuncia
Resultado	Relaciones de armor y seguridad	Gloria, medallas	Dinero, promoción, estabilidad[16]

Resolución de Conflictos

Cada clase, líder, y discípulo inevitablemente enfrentará conflictos. La manera en que estos conflictos son manejados afecta dramáticamente la organización. Contrario a la creencia de muchos, no todo conflicto es malo. El conflicto en la iglesia no siempre es señal de mala salud. De hecho, el conflicto produce mucho bien:

- Los temas son plenamente explorados.
- Se toman mejores decisiones
- Las personas se comprometen más a las decisiones después de la discusión.

Cuando el conflicto es ventilado en una atmósfera de cooperación, se fortalecen las relaciones.

Afirmar los Valores Compartidos

Una de las mejores maneras para establecer la compatibilidad es afirmar los valores que todos comparten. Los valores compartidos son la base de relaciones productivas y genuinas.

Compartimos algunos preciosos valores comunes con aquellos que discipulamos. Creemos que Jesús vino a esta tierra como el Hijo de Dios, nacido de una virgen. Creemos que murió en la cruz por nuestros pecados y que resucitó a fin de que podamos vivir para siempre con Él. Creemos que envió a su Espíritu Santo para darnos consuelo y poder. Afirmar estos puntos comunes edifica la unidad y tolera las diferencias.

Resume de Capítulo

3
Compromiso a una Vida de Madurez

El creyente maduro desarrollará y mantendrá un hábito diario de devoción personal. El tiempo diario en oración y estudio de la Biblia es esencial para la madurez. Nuestro tiempo regular de comunión con Dios nos permite formar y fortalecer nuestra relación con Jesucristo. Este hábito es una clave vital en la vida de un creyente.

Usted puede enseñar a individuos muchas grandes verdades de la palabra de Dios. Ellos pueden asistir a cada servicio, clase de escuela dominical, y reunión de pequeños grupos. Pero a menos que desarrollen un compromiso personal de crecimiento continuo, no crecerán. Nuestra relación con Jesús debe pasar de la situación corporativa a una personal. El crecimiento corporativo, aunque esencial, no conducirá al crecimiento individual sin la devoción diaria.

En el Nuevo Testamento, Santiago instruye a los creyentes en la importancia de las devociones continuas:

Por lo cual, desechando toda inmundicia y abundancia de malicia, recibid con mansedumbre la palabra implantada, la cual puede salvar vuestras almas. Pero sed hacedores de la palabra, y no tan solamente oidores, engañándoos a vosotros mismos. Porque si alguno de vosotros es oidor de la palabra pero no hacedor de ella, éste es semejante al hombre que considera en un espejo su rostro natural. Porque él se considera a sí mismo, y se va, y luego se olvida cómo era. Mas el que mira atentamente en la perfecta ley, la de la libertad, y persevera en ella, no siendo oidor olvidadizo, sino hacedor de la obra, éste será bienaventurado en lo que hace (Santiago 1:21-25).

El versículo 25 en la Nueva Versión Internacional dice: "Pero quien se fija atentamente en la ley perfecta que da libertad, y es constante al practicarla, no olvidando lo que ha oído, sino haciéndolo, será bendecido en lo que haga"(énfasis añadido). Santiago está recordando a los cristianos del Nuevo Testamento que necesitan hacer un hábito del tiempo en la palabra de Dios. Todo creyente debe tener un tiempo devocional diario: un tiempo establecido cada día para estar a solas con Dios a fin de a conocerlo mediante la Biblia y la oración. La iglesia Saddleback Community en sus clases "Descubriendo la madurez espiritual" enseña a cada miembro acerca de tener dicha rutina.

La Prioridad de un Tiempo Devocional Diario

Hay cinco razones de que su tiempo a solas con Dios debe ser la principal prioridad en su horario.

Fuimos Creados Para la Comunión con Dios

Ninguna otra parte de la Creación tiene el privilegio de tener comunión, diálogo, y comunicación con el Creador. ¡Para eso Dios nos creó! Desde Génesis 1 hasta el último capítulo del libro de Apocalipsis, Dios habla de su deseo de tener comunión con la humanidad. Dios dice: "Mira que estoy llamando a la puerta. Si alguno oye mi voz y abre la puerta, entraré y cenaré con él, y él conmigo" (Apocalipsis 3:20, Nueva Versión Internacional).

Jesús Obtuvo Fortaleza de su Tiempo Devocional Diario

Los Evangelios ilustran la importancia que Jesús reconoció a la oración personal. En muchas ocasiones Él se apartó de los discípulos, de las multitudes y de las distracciones del día para orar. Considere los siguientes ejemplos:

"Levantándose muy de mañana, siendo aún muy oscuro, salió y se fue a un lugar desierto, y allí oraba" (Marcos 1:35).

"Y saliendo, se fue, como solía, al monte de los Olivos; y sus discípulos también le siguieron. Cuando llegó a aquel lugar, les dijo: Orad que no entréis en tentación. Y él se apartó de ellos a distancia como de un tiro de piedra; y puesto de rodillas oró" (Lucas 22:39-41).

"Pero su fama se extendía más y más; y se reunía mucha gente para oirle, y para que les sanase de sus enfermedades. Mas él se apartaba a lugares desiertos, y oraba" (Lucas 5:15, 16).

Note las palabras que los autores usaron para describir la rutina de oración de Jesús. "Se fue, como solía". Los discípulos se acostumbraron a ver a Jesús irse por períodos extensos de tiempo para poder hablar a solas con el Padre celestial. Si Jesús, el Hijo de Dios, encontró su fuente de fortaleza en la oración, nosotros también podemos encontrar fuerza para la vida diaria en nuestro tiempo a solas con Dios.

JESÚS SACRIFICÓ SU VIDA PARA PERMITIRNOS TENER UNA RELACIÓN PERSONAL CON EL PADRE CELESTIAL

La comunión humana con Dios fue quebrantada por el pecado en el Jardín del Edén. Jesús murió para restaurar esa comunión. Su muerte en el Calvario permite a cada creyente experimentar una relación íntima con el Padre. Pablo habla de esta relación en su carta a los Corintios, diciendo: "Fiel es Dios, por el cual fuisteis llamados a la comunión con su Hijo Jesucristo nuestro Señor" (1 Corintios 1:9). Dios nos invita a unirnos a Él en una maravillosa amistad personal.

USTED NO PUEDE SER UN CRISTIANO MADURO SIN UN TIEMPO DEVOCIONAL REGULAR

Para mantener una vida cristiana sana y en crecimiento, usted necesita tener un tiempo devocional regular. La Biblia es clara y específica respecto a la importancia de nuestra comunión con Dios.

"El le respondió y dijo: Escrito está: No sólo de pan vivirá el hombre, sino de toda palabra que sale de la boca de Dios" (Mateo 4:4).

"Del mandamiento de sus labios nunca me separé; guardé las palabras de su boca más que mi comida" (Job 23:12).

"¿Con qué limpiará el joven su camino? Con guardar tu palabra. Con todo mi corazón te he buscado; no me dejes desviarme de tus mandamientos. En mi corazón he guardado tus dichos, para no pecar contra ti" (Salmos 119:9-11).

¡El tiempo devocional diario es esencial para todo creyente!

LOS GRANDES HOMBRES DE DIOS HAN MODELADO EL HÁBITO DEL TIEMPO DEVOCIONAL DIARIO

Los grandes hombres en la Biblia modelaron la necesidad de un tiempo devocional diario. Hombres como Abraham, Moisés, David, Daniel, y Pablo todos tuvieron una relación íntima con Dios. La relación personal de Daniel con Dios y su hábito de oración diaria era bien conocido. De hecho, era conocido aun entre sus enemigos.

Entonces dijeron aquellos hombres: No hallaremos contra este Daniel ocasión alguna para acusarle, si no la hallamos contra él en relación con la ley de su Dios. Entonces estos gobernadores y sátrapas se juntaron delante del rey, y le dijeron así: ¡Rey Darío, para siempre vive! Todos los gobernadores del reino, magistrados, sátrapas, príncipes y capitanes han acordado por consejo que promulgues un edicto real y lo confirmes, que cualquiera que en el espacio de treinta días demande petición de cualquier dios u hombre fuera de ti, oh rey, sea echado en el foso de los leones. Ahora, oh rey, confirma el edicto y fírmalo, para que no pueda ser revocado, conforme a la ley de Media y de Persia, la cual no puede ser abrogada. Firmó, pues, el rey Darío el edicto y la prohibición. Cuando Daniel supo que el edicto había sido firmado, entró en su casa y abiertas las ventanas de su cámara que daban hacia Jerusalén, se arrodillaba tres veces al día, y oraba y daba gracias delante de su Dios, como lo solía hacer antes. Entonces se juntaron aquellos hombres, y hallaron a Daniel orando y rogando en presencia de su Dios (Daniel 6:5-11).

Los grandes hombres de Dios reconocieron su necesidad de comunión con el Padre celestial y lo hicieron una prioridad.

El Propósito de un Tiempo Devocional Diario

Un tiempo devocional diario con Dios debe ser su prioridad por cuatro razones.

PARA ADORAR A DIOS

Su tiempo diario no es sólo un tiempo para recibir de Dios, sino también un tiempo para dar a Dios. Dios desea nuestra devoción (vea Juan 4:23). El salmista exhorta: "Dad a Jehová la gloria debida a su nombre; adorad a Jehová en la hermosura de la santidad" (Salmo 29:2). Dios es digno y merece nuestra devoción. El rey Ezequías tuvo buen éxito porque lo hizo todo en un espíritu de completa devoción a Dios (vea 2 Crónicas 31:21). Mostramos nuestra devoción y consagración a Dios pasar tiempo cada día en su divina presencia.

PARA OBTENER DIRECCIÓN DE DIOS

En nuestros tiempos de oración, lectura de las Escrituras, y meditación, Dios a menudo nos da dirección. "Muéstrame, oh Jehová, tus caminos; enséñame tus sendas" (Salmo 25:4). A Dios le importa cada detalle de la vida de usted. Al buscar a Dios por dirección, usted puede hacer dos cosas:

1. **Considerar su camino.** Al orar, considere las decisiones que ha tomado y las decisiones que enfrenta. Según el libro de Proverbios, esto resultará en recibir dirección de Dios para sus planes. "Examina la senda de tus pies, y todos tus caminos sean rectos" (Proverbios 4:26). "Reconócelo en todos tus caminos, y él enderezará tus veredas" (Proverbios 3:6).

2. **Encomendar su día.** Entregar su horario al Señor, lo ayuda a ser más flexible y a no alarmarse cuando las cosas no van de la manera esperada. El Salmo 37:5 lee:

"Encomienda a Jehová tu camino, y confía en él; y él hará."
Al orar, entregue los planes de su día a Dios.

Para Gozarse En Dios

Un estudio bíblico es diseñado para estudiar acerca de Cristo; un tiempo devocional es diseñado para conocer a Cristo y pasar tiempo con Él. Si usted se goza "asimismo en Jehová . . . Él le concederá las peticiones de su corazón" (Salmo 37:4). Al pasar tiempo en la presencia del Señor, encontramos paz, consuelo, fortaleza, y gozo. Es difícil establecer cualquier hábito, pero usted aprenderá a amar y anhelar su tiempo devocional diario.

Para Crecer Diariamente a la Semejanza de Dios

El propósito de Dios para nuestra vida es hacernos como su Hijo—semejantes a Cristo. Al pasar tiempo con el Padre, Él promete producir en nosotros su carácter.

> Su divino poder, nos ha dado todo lo que necesitamos para la vida y la piedad mediante nuestro conocimiento del que nos llamó por su propia gloria y bondad. Por medio de ellas nos ha dado las valiosas y grandísimas promesas, para que así ustedes lleguen a tener parte en la naturaleza divina" (2 Pedro 1:3, 4, Nueva Versión Internacional).

Al crecer en nuestro conocimiento de Dios y en relación con Él, comenzamos a asimilar Su naturaleza. Esto será obvio aun a aquellos que estén a nuestro alrededor. En Hechos 4 se registra que Pedro y Juan fueron llevados delante de los líderes judíos para responder por su fe. "Entonces viendo el denuedo de Pedro y de Juan . . . se maravillaban; y les reconocían que habían estado con Jesús" (Hechos 4:13). Cuando usted pasa tiempo diariamente con Jesús, las demás personas notarán los cambios en su vida.

La Práctica de un Tiempo Devocional

Muchas personas que han sido cristianos por años nunca han recibido la instrucción práctica de tener un tiempo devocional.

Ellos han escuchado la enseñanza de los maestros de la escuela dominical y la predicación de los pastores en las que se les ha dicho que necesitan tener devociones diarias; pero nadie jamás les ha dicho cómo hacerlo. Debemos enseñar a las personas un simple procedimiento que puedan usar en su tiempo devocional diario. Los siguientes principios lo ayudarán al establecer su hábito.

ESTABLEZCA SU TIEMPO DEVOCIONAL A LA MISMA HORA TODOS LOS DÍAS

El mejor momento para tener un devocional no es el mismo para diferentes personas. Para algunos puede ser por la noche; para la mayoría será en la mañana. De mañana es más probable que usted esté descansado, su mente menos ocupada, y a menudo es el momento más tranquilo del día. Muchos personajes de la Biblia se levantaban temprano para reunirse con Dios. Abraham, Moisés, Jacob, Ana, Job, Ezequías, David, Daniel, Ezequiel, y Jesús—todos decidieron comenzar el día con oración. Es lógico comenzar el día con oración. Comenzar cada mañana con oración demuestra que reunirse con Dios es la prioridad de su día. Pero sea cual fuere el momento que usted establezca para reunirse con Dios, debe ser la mejor parte de su día. Escoja un tiempo cuando esté alerta, y fije el mismo tiempo cada día. Sea constante.

Muchos maestros enseñan que debe pasar 1 ó 2 horas cada día en devociones. La Biblia no es específica en cuanto a la duración de un devocional. ¿Recuerda la primera vez que resolvió orar por una hora? Si es como la mayoría de las personas, pasó por toda su lista en 5 minutos y luego comenzó a mirar el reloj, preguntándose cómo podría llenar el resto de la hora. Usted puede haberse sentido culpable de que no pudo concentrarse una hora. Enfatice la buena calidad de su tiempo con Dios. Usted puede comenzar con 15 minutos y permitir que su tiempo crezca conforme desarrolle el hábito. Resista el impulso de mirar el reloj y medir el progreso de sus oraciones. En vez de eso, disfrute del tiempo que pasa. Al continuar con el hábito, se encontrará pasando más tiempo cada día.

Tenga su Devocional en el Mismo Lugar Cada Día

Escoja un lugar especial donde pueda orar cada día. A menudo Jesús fue al Monte de los Olivos para su tiempo de oración (vea Lucas 22:39). Era un hábito para Él. Usted necesita un lugar donde pueda estar a solas, sin interrupción. Para algunos, su lugar puede ser el patio. Para otros, puede ser un cuarto en la iglesia o cualquier pequeño cuarto en su casa. Seleccione un lugar que se pueda convertir en su lugar especial para la comunión con el Padre.

Reúna los Recursos que Necesitará

¿Qué necesitará para su devocional? La siguiente es una simple lista:

- Una biblia con letras fácil de leer.
- Un anotador para escribir todo lo que siente que el Señor le esté diciendo y registrar su lista de oración.
- Un libro de cánticos o casete de alabanzas. Adorar y cantar es una maravillosa manera de pasar tiempo con Dios. La música de alabanza y adoración crea una maravillosa atmósfera para las devociones.

Comience con las Actitudes Correctas

Tres actitudes harán que su devocional sea eficaz:

1. **Reverencia.** Usted no puede apresurarse a entrar en la presencia de Dios. Prepare su corazón. El Salmo 46:10 registra la instrucción de Dios: "Estad quietos, y conoced que soy Dios; seré exaltado entre las naciones".
2. **Expectativa**. Espere que Dios le hable cada día. El salmista oró: "Abre mis ojos, y miraré las maravillas de tu ley" (Salmo 119:18).
3. **Disposición a obedecer.** Dios le revelará cosas. Usted debe estar dispuesto a obedecer sus direcciones. Jesús dijo: "El que quiera hacer la voluntad de Dios, conocerá si la doctrina es de Dios, o si yo hablo por mi propia cuenta" (Juan 7:17).

SIGA UN PLAN SENCILLO

No hay fórmula que pueda ser seguida para su devocional. Sin embargo, usted descubrirá que su tiempo es más efectivo si desarrolla un plan para él. El simple plan siguiente de 15 minutos puede servir como un ejemplo:

- Relájese (1 minuto). Esté quieto y callado. Deténgase. Prepare su corazón. Prepárese a esperar en Dios. Póngase cómodo y olvídese de las presiones del día para poder concentrarse en Dios durante los siguientes 14 minutos.
- Lea (4 minutos). Lea sistemáticamente. Comience leyendo donde paró el día anterior. Lea hasta que sienta que Dios le está enfatizando algo. Luego pare y piense en ello. No se preocupe por la cantidad de capítulos o versículos que lee cada día. En vez de eso, resuelva aprender algo cada día. Leer con una meta en mente a menudo reduce su nivel de comprensión.
- Reflexione (4 minutos). Comience a meditar en los versículos que ha leído. La meditación es la clave para descubrir cómo aplicar las Escrituras a su vida. La meditación es esencialmente una digestión de pensamientos. Usted toma un pensamiento que Dios le da, lo pone en su mente, y piensa en él una y otra vez. La meditación bíblica es leer un pasaje en la Biblia, luego concentrarse en él en diferentes maneras. Escoja un pasaje o versículo que siente que Dios está tratando de enseñarle y haga estas cinco cosas:

1. *Imagínelo.* Visualice la escena en su mente. Imagínese a usted mismo en el contexto histórico. ¿Qué habría hecho en esa situación?¿Cómo hubiera respondido? ¿Qué emociones habría experimentado si hubiera estado allí?

2. *Pronúncielo.* Diga el versículo en alta voz, y enfatice cada vez una palabra diferente (vea Filipenses 4:13). Cada énfasis le da una impresión ligeramente distinta.

3. *Parafraséelo.* Vuelva a escribir el versículos en sus propias palabras.

4. *Personalícelo.* Reemplace los pronombres o personas en el versículo con su propio nombre.
5. Convierta el versículo en una oración y dígaselo a Dios.[17]

- Registre (2 minutos). Escriba una aplicación personal que sea práctica, posible, y medible. Pregúntese, ¿qué significó este versículo para los oyentes originales? ¿Cuál es el principio eterno principal? Registre sus pensamientos, reflexiones, y respuestas en un diario. Se convertirá en un registro personal de su senda espiritual.
- Pida (4 minutos). Concluya su devocional hablando con Dios acerca de lo que Él le ha mostrado y haciendo pedidos de su lista de oración.

Este plan es sólo un ejemplo de cómo puede estructurar su tiempo. Si usted se propone pasar 30 minutos cada día, ajuste el tiempo pasado en cada área.[18]

Dificultades Comunes para un Devocional

La mayoría de los cristianos están conscientes que deben tener un tiempo diario de oración y estudio bíblico. Pero muchos de ellos tienen dificultad en desarrollar el hábito. ¿Cuáles son algunas de las razones de no tener un devocional diario?

EL PROBLEMA DEL ENFOQUE

Muchas personas tienen buenas intenciones. Van a su lugar especial para pasar una hora con Dios. Sin embargo, una vez inician su tiempo de oración, comienzan a recordar detalles y tareas que tienen delante ese día. Otros se ponen demasiado cómodos y se duermen o sueñan despiertos. Si usted tiene dificultad en esta manera, trate de andar al orar. Escriba las cosas que tiene que hacer durante el día para quitarlas de su mente. Varíe su modo de orar—ore por un tiempo en alta voz; cante una alabanza. Cambie su rutina de oración. Manténgala fresca.

EL PROBLEMA DEL CANSANCIO

El dilema más difícil para muchos creyentes resueltos es levantarse o no de la cama cada mañana. ¿recuerda cuando hizo resoluciones para el Año Nuevo? Tal vez decidió hacer ejercicios cada día. Pero el primer día fue Año Nuevo. ¿Quién hace ejercicios en un feriado? El segundo fue su primer día de regreso al trabajo y de los niños volver a la escuela. ¡Usted no podía siquiera imaginar el hacer ejercicios ese día! Antes de darse cuenta, la primavera llegó y usted aún no estaba haciendo ejercicios. Desarrollar la disciplina de un devocional diario no es diferente. Decida levantarse y tener su devocional a pesar de cuán cansado pueda estar. Vaya a la cama una hora más temprano; deje de ver televisión por la noche—haga lo que sea que lo ayude a mantener su cita con Dios.

El Problema del Temor al Fracaso

Algunas personas temen de comenzar un tiempo devocional porque han tratado muchas veces y han fracasado. ¡No se dé por vencido! Pablo alentó a la iglesia en Galacia: "No nos cansemos, pues, de hacer bien; porque a su tiempo segaremos, si no desmayamos" (Gálatas 6:9). Algunos consejeros enseñan que se requiere unas 16 semanas para completar un hábito de comportamiento. Dispóngase desarrollar su hábito con el transcurso del tiempo.

El Problema de la Falta de Fruto

A veces parece como si usted no estuviera obteniendo nada de su tiempo devocional. Sus oraciones no son contestadas. No siente la presencia de Dios tan fuerte como antes. Con seguridad Job sintió que sus oraciones no estaban siendo escuchadas. Él había perdido sus hijos, sus posesiones, su salud, y sus amigos. Sus palabras eran las de un hombre que se había dado por vencido:

Porque las saetas del Todopoderoso están en mí, cuyo veneno bebe mi espíritu; y terrores de Dios me combaten . . . ¡Quién me diera que viniese mi petición, y que me otorgase Dios lo que anhelo, y que agradara a Dios quebrantarme; que soltara su mano, y acabara conmigo! . . . ¿Cuál es mi fuerza para esperar aún? ¿Y cuál mi fin para que tenga aún paciencia? . . . ¿No es así que ni aun a mí mismo me puedo valer, y que todo auxilio me ha faltado? (Job 6:4, 8, 11, 13).

Job mostró fe a pesar de la aparente falta de fruto de sus oraciones: "He aquí—dijo—, aunque él me matare, en él esperaré; no obstante, defenderé delante de él mis caminos" (Job 13:15).

¡No confíe en sus sentimientos! Usted puede estar cansado, en apuros, o en un tiempo de pruebas. Pero Dios lo recompensará por su fidelidad. Después que Job hubo orado por sus amigos, el Señor lo prosperó de nuevo y le dio el doble de lo que había tenido. "Y bendijo Jehová el postrer estado de Job más que el primero . . . Después de esto vivió Job ciento cuarenta años, y vio a sus hijos, y a los hijos de sus hijos, hasta la cuarta generación. Y murió, Job viejo y lleno de días" (Job 42:12, 17).

El Problema de las Falsas Comparaciones

Uno de los obstáculos más grandes para mantener un tiempo devocional diario son las falsas comparaciones. ¿Quién entre nosotros no se siente inspirado por las historias de Smith Wigglesworth y Hyde, el orador? Estos hombres oraban por horas cada día y ayunaban y oraban por semanas. Somos inspirados por la vida de estos grandes hombres, pero intimidados por la idea de duplicar sus esfuerzos. Muchos nunca comienzan un tiempo devocional porque piensan que Dios espera sesiones maratónicas de oración. ¡Agradezca a Dios por los grandes hombres y mujeres que dedicaron su vida a la oración! Pero Dios también ha llamado a algunos al evangelismo, enseñanza, predicación, servicio, etc. La oración debe ser parte de cada una de nuestras vidas, pero no todos seremos llamados a períodos largos de oración.

Cuando usted se compara con alguien mejor que usted, puede sentir culpa. Cuando se compara con alguien peor que usted, el orgullo tiene una abertura. En vez de compararse con otros, haga lo que mejor pueda para honrar a Dios en su vida de oración.

El Problema de la Ficción

Satanás continuamente trata de engañar al creyente. Las personas luchan con mantener su tiempo devocional cuando comienzan a creer la ficción del diablo. Él desea que usted crea que Dios no lo ama. Trata de convencerlo de que todo es una pérdida de tiempo, que sus oraciones nunca serán respondidas. Procura hacernos creer que Dios no puede escuchar y responder a todas nuestras oraciones al mismo tiempo.

Reconozca que esa ficción es una herramienta del enemigo. Si él puede convencerlo de que sea sentimental en su vida devocional, impedirá en gran manera su efectividad como cristiano. En vez de creer las mentiras de Satanás, vaya a la palabra de Dios para obtener sus verdades eternas. Cuando Satanás dice: "Dios no te ama", cite Juan 3:16. Cuando Satanás trata de convencerlo de que Dios no escucha sus oraciones, vaya a la palabra de Dios para conseguir la verdad:

> Por tanto, teniendo un gran sumo sacerdote que traspasó los cielos, Jesús el Hijo de Dios, retengamos nuestra profesión. Porque no tenemos un sumo sacerdote que no pueda compadecerse de nuestras debilidades, sino uno que fue tentado en todo según nuestra semejanza, pero sin pecado. Acerquémonos, pues, confiadamente al trono de la gracia, para alcanzar misericordia y hallar gracia para el oportuno socorro" (Hebreos 4:14-16).

¡Rechace creer las mentiras del diablo!

El Problema de la Insensatez

Estamos rodeados de la insensatez del mundo. Miríadas de cosas tratan de ganar nuestra atención. Es difícil disponer de tiempo para nuestros devocionales diarios cuando el mundo está ofreciendo tantas alternativas. Somos bombardeados cada día por la televisión, la radio, el internet, incontables diversiones y oportunidades de entretenimiento. El brillo y la seducción de la industria de entretenimiento pueden hacer parecer vulgares la oración y el ayuno. La gente es adicta a la diversión. Nos hemos acostumbrado a las actividades que requieren poca o ninguna participación de nuestra parte. Para hacer un hábito del tiempo devocional diario, necesitamos estar conscientes de la horrible influencia de la diversión.

La Devoción Personal y la Enseñanza

Pamela acordó de empezar a enseñar la clase de escuela dominical para niñas del sexto grado. Recibió la guía trimestral del maestro, un ejemplo de plan de la lección, y le pidieron estar lista para el próximo domingo. ¡Ella se sentía entusiasta! Pamela estaba determinada en ser una excelente maestra. La preparación de su lección tomó 5 horas cada semana. Equilibrar el tiempo de preparación con las necesidades de su familia y su trabajo se hizo difícil. Trató de estudiar tarde por la noche pero se despertaba cansada cada mañana. Procuró utilizar la hora de su almuerzo en el trabajo, pero era constantemente distraída e interrumpida. Finalmente, Pamela comenzó a usar su tiempo de devocional cada mañana para trabajar en la lección de la siguiente semana. No podía hacer ningún daño. Después de todo, estaba enseñando la clase para Dios. Aunque no estaba usando su plan para el devocional, todavía pasaba tiempo en el estudio de la palabra de Dios. Al descuidar su propio desarrollo espiritual, Pamela cometió un error que muchos otros han cometido.

Un error común de los maestros y líderes es la creencia de que la preparación de la lección o del sermón toma el lugar de las devociones personales. Hay una diferencia. Todo maestro, predicador, y líder debe desarrollar y mantener un tiempo a solas con Dios para asegurar que su relación con Él sea lozana, oportuna, y poderosa. El tiempo de preparación nunca puede sustituir el tiempo personal. Al preparar la lección, usted busca asegurarse de que esta sea comprensible y aplicable a los alumnos. El enfoque de la preparación son las necesidades, el nivel de madurez, y el desarrollo de la clase. En un tiempo a solas con Dios, usted busca aplicar las Escrituras personalmente y escuchar lo que el Señor tiene que decirle para su propia vida. El enfoque son sus necesidades, nivel de madurez, y desarrollo. Debemos crecer siempre al mismo paso que nuestros alumnos. Es una falacia creer que podemos continuar conduciendo a otros a la madurez aun cuando descuidamos la nuestra.

Su personalidad, carisma, sabiduría o encanto no es lo que lo cualifica para dirigir a otros. Usted es efectivo al enseñar a otros lo que ha aprendido y experimentado por cuenta propia. Para dirigir a otros a una relación madura, comprometida, y personal con Jesucristo, su propia relación también debe ser madura, comprometida, y personal. Para el creyente maduro no hay mayor gozo que el tiempo diario de comunión con Cristo. En su presencia, hay renovación, lozanía, y plenitud continua.

Utilice las siguientes preguntas para evaluar su propia vida devocional:

- ¿Paso tiempo en oración, lectura de la Biblia, y meditación por lo menos 5 días a la semana?
- ¿Tengo un plan o procedimiento que orienta mi tiempo devocional?
- ¿Puedo eliminar las distracciones y poner mis ojos en Dios durante mi tiempo devocional?
- ¿Es obvio para los demás que paso tiempo con Jesús?
- ¿Anhelo mi tiempo a solas con Dios, o lo considero una obligación?

4
Un Clima Para Madurez √

Para conducir a las personas a una relación madura con Jesucristo, usted debe entender varios aspectos de ello. Primero, es importante conocer las características de un creyente maduro y uno inmaduro. Usted no puede encaminar a alguien a la madurez a menos que usted mismo comprenda la definición de madurez. Segundo, usted debe entender cómo conducir. Muchas personas están armadas con volúmenes de información útil y poseen todo el conocimiento necesario para discipular a otros. Sin embargo, algunos de estos mismos individuos no tienen las habilidades de liderazgo necesarias para consumar el proceso. Todo maestro debe llegar a ser más que un maestro. Todo maestro debe también ser un líder. Pablo, en su carta a los Corintios, resumió el papel del liderazgo en la madurez diciendo: "Sed imitadores de mí, así como yo de Cristo" (1 Corintios 11:1). Es nuestra tarea orientar a otros de la manera en que Cristo nos dirige a nosotros. Una comprensión básica de los principios del liderazgo aumentarán en gran manera su enseñanza y discipulado.

Si está frustrado en sus esfuerzos para discipular a otros, si piensa que sus seguidores no están siguiendo, conviértase en un líder. El proverbio lo resume bien: Si está conduciendo pero nadie lo sigue, lo único que en verdad hace es caminar. Hay muy diversas definiciones del liderazgo.

- Liderazgo es conducir a otros de donde están a donde necesitan estar, y y hacerlo de tal modo que al llegar ellos crean que fue su propia idea.
- Liderazgo es un proceso dinámico en el cual un hombre o una mujer con capacidad dada por Dios influye positivamente en un grupo específico del pueblo de Dios hacia los propósitos divinos para el grupo.[19]
- Liderazgo es hacer que las personas trabajen para usted porque así lo desean.
- Liderazgo es dirigir a personas.

Cualquiera sea la definición que usted escoja, todas concuerdan con John Maxwell al decir que el liderazgo es influencia.

Máxima 1 del Liderazgo: Los Líderes Efectivos Deben Recibir el Poder del Espíritu Santo

Se puede aprender muchos principios prácticos del liderazgo. Usted puede asistir a seminarios, comprar libros y casetes, y pulir sus habilidades para el liderazgo. Aprenda todo lo que pueda. Sin embargo, nadie alcanzará jamás madurez espiritual ni su liderazgo desarrollará plenamente su potencial sin el poder divino del Espíritu Santo. Jesús mismo enfatizó el papel del Espíritu Santo en el liderazgo:

> Pero cuando venga el Espíritu de verdad, él os guiará a toda la verdad; porque no hablará por su propia cuenta, sino que hablará todo lo que oyere, y os hará saber las cosas que habrán de venir. El me glorificará; porque tomará de lo mío, y os lo hará saber. Todo lo que tiene el Padre es mío; por eso dije que tomará de lo mío, y os lo hará saber (Juan 16:13-15).

El Espíritu Santo revela verdad. Como maestro usted necesita depender del Espíritu Santo. Nadie más tiene el conocimiento total de todos sus dones y habilidades. Los discípulos, en Hechos 2, ya poseían el don de evangelismo. Sin embargo, ese don no fue plenamente revelado en su ministerio hasta después del bautismo del Espíritu Santo. Su potencial de liderazgo florecerá cuando reconozca que el fundamento de todas las habilidades del liderazgo es la unción del Espíritu Santo.

Además, sus alumnos nunca alcanzarán la madurez completa en Cristo sin el bautismo en el Espíritu Santo. Es fundamental para el desarrollo. La Gran Comisión no es el primer mandamiento que Jesús dio a la iglesia. Primero Él dijo a sus discípulos que fueran a Jerusalén y esperasen hasta haber recibido el poder de lo alto (vea Lucas 24:49). El Señor no quería lanzarlos al ministerio hasta que hubieran experimentado un poderoso encuentro con el Espíritu Santo.

Máxima 2 del Liderazgo: El Liderazgo es una Función, no un Título

Cuando usted se convirtió en maestro, recibió un material trimestral, la lista de la clase, los reglamentos de la escuela dominical, y un cuarto. Desde el momento en que fue anunciado a su clase, se convirtió en maestro. Sin embargo, aunque se convirtió en maestro, puede no haberse convertido en líder. El liderazgo no es un título. El liderazgo es una función.

Aquel que tiene más seguidores es el líder. Considere el ejemplo de una clase de escuela dominical de varones de la secundaria. Jaime fue nombrado el nuevo maestro. Él entró al aula la primera mañana para hallar a 14 varones del primer y segundo curso involucrados en una guerra de escupitajos. Papeles volaban, sillas estaban volteadas . . . ¡qué desastre! El nivel de ruido alcanzó al de un avión en el momento de despegar. Jaime puso a un lado su lección cuidadosamente preparada y gritó a pleno pulmón. Los varones se asombraron. ¿Quién era este hombre que amenazaba con llamar al pastor? Se detuvieron por un momento, y luego un niño fanfarrón gritó: "¡Agárrenlo!" Los niños volvieron su fuego hacia Jaime, su nuevo maestro. Jaime salió corriendo de la sala, seguido por una lluvia de escupitajos. Jaime era el nuevo maestro, pero el pequeño bravucón era el líder.

Usted no es el líder por una posición o un título. Es el líder cuando su influencia ha alcanzado el punto en el cual sus alumnos seguirán voluntariamente su dirección. Demasiados maestros fracasan por no reconocer la importancia de ejercer influencia en su clase. La autoridad sin influencia es como tratar de empujar una soga.

Máxima 3 del Liderazgo: Los Líderes Hacen "Lo Correcto"

Los líderes hacen "lo correcto" a pesar de la conveniencia o comodidad personal. En Segundo de Samuel, Uza hizo lo que le parecía bueno, pero no era lo correcto.

> Y se levantó David y partió de Baala de Judá con todo el pueblo que tenía consigo, para hacer pasar de allí el arca de Dios . . . Pusieron el arca de Dios sobre un carro nuevo, y la llevaron de la casa de Abinadab, que estaba en el collado; y Uza y Ahío, hijos de Abinadab, guiaban el carro nuevo. Y cuando lo llevaban de la casa de Abinadab, que estaba en el collado, con el arca de Dios, Ahío iba delante del arca. Y David y toda la casa de Israel danzaban delante de Jehová con toda clase de instrumentos de madera de haya; con arpas, salterios, panderos, flautas y címbalos. Cuando llegaron a la era de Nacón, Uza extendió su mano al arca de Dios, y la sostuvo; porque los bueyes tropezaban. Y el furor de Jehová se encendió contra Uza, y lo hirió allí Dios por aquella temeridad, y cayó allí muerto junto al arca de Dios (2 Samuel 6:2-7).

La instrucción de Dios fue de que nadie debía tocar el arca. Uza tuvo miedo de que el arca cayera y tal vez se dañara. El la tocó para mantener el arca en su lugar, y Dios se enojó. Uza murió porque no hizo lo correcto.

¡Gracias a Dios que no tenemos que vivir en los tiempos del Antiguo Testamento! ¿Cuántos de nosotros seríamos heridos por descuidar lo correcto? Como maestro usted puede enseñar a su clase el valor de técnicas para ayudarse a sí mismo. Es bueno para sus alumnos descubrir las habilidades que les permitan recuperarse de las dificultades. Sin embargo, si el énfasis en ayudarse a uno mismo es mayor que el énfasis en el poder liberador de Dios, se vuelve dañino para el desarrollo espiritual del alumno.

Los líderes hacen lo correcto. Muchas dificultades son fácilmente resueltas cuando la conveniencia, la preferencia, los deseos, los horarios, y las agendas personales son sacrificados para poder hacer lo correcto.

Máxima 4 del Liderazgo: El Liderazgo es Impulsado por el Carácter

Ramoncito, un niño de cuatro años, escuchó intensamente una porción del mensaje del domingo sobre obedecer la ley. Esa tarde salió en el automóvil con su padre, el ministro. Al manejar por la calle, el radar detector comenzó a sonar. Ramoncito preguntó, "papá, ¿qué es ese ruido?" Su padre replicó, "es mi radar detector". Ramoncito continuó con el tema. Su próxima pregunta fue, "papá, ¿qué hace el radar?" Su padre explicó que un radar detector nos ayuda a saber cuando los automóviles de la policía están cerca. La siguiente pregunta del niño fue, "¿por qué queremos saber eso?" En ese punto el ministro se dio cuenta que no quería responder la pregunta. Revelarle la verdad a su hijo sería admitir que estaba quebrantando la ley intencionalmente. El pastor se agachó, desconectó su radar, y lo tiró en el asiento de atrás. Miró a su hijo, y dijo: "No necesitamos saberlo, hijo. Lo voy a guardar". El ministro nunca utilizó de nuevo su radar detector. ¿Qué ocurrió entre Ramoncito y su papá? El niño quería saber si la conducta de su papá era consecuente con sus creencias declaradas.

El liderazgo es impulsado por el carácter. Sus acciones deben conformarse con sus instrucciones. Si usted enseña sobre el diezmo, debe diezmar. Si enseña sobre la integridad, debe siempre decir la verdad. Si enseña sobre la pureza, debe abstenerse de toda impureza. Si enseña sobre el enojo, debe vivir con templanza. Si enseña sobre el chisme, sus conversaciones deben ser alentadoras. Su vida y sus labios deben estar de acuerdo.

Muchos maestros se descalifican y descalifican a su liderazgo por no vivir honradamente. Santiago nos dice que los líderes están sujetos a un precepto más elevado: "Hermanos míos, no os hagáis maestros muchos de vosotros, sabiendo que recibiremos mayor condenación" (Santiago 3:1). Para liderar efectivamente por amor, usted necesita estar dispuesto a limitar sus opciones. Por ejemplo, muchos maestros deciden no ir al cine. Aunque tal vez no tenga una convicción personal en cuanto a lo moral o inmoral de las películas, saben que muchas de ellas contienen material objetable. No queriendo que sus alumnos se pregunten qué película su maestro puede haber visto, el maestro opta por no ir al cine.

A menudo lo que hace es más importante que lo que dice. Muchas veces los principios son más fácilmente adquiridos que enseñados. Nuestro papel como líderes es modelar el carácter de Cristo.

Máxima 5 del Liderazgo: Los Líderes Comprenden la Importancia del Trabajo en Equipo

Los líderes efectivos comprenden que aunque pueden ser la persona más importante del equipo, no son importantes sin el equipo. Hay varios componentes importantes de un equipo.

Un Equipo Comparte Una Meta Común

Don Shula y Ken Blanchard en su libro *Everyone's a Coach* (Todos son entrenadores) subrayan la importancia de las metas: "Establecer metas es importante. Toda buena acción comienza con metas claras. Las metas orientan a las personas en la dirección correcta. Las metas comienzan la realización del proceso."[20]

Establecer metas ayuda a mantener el enfoque de su clase en el cuadro completo. La meta de madurez implicará instrucción en muchas áreas, unas inspiradoras y otras ordinarias. Su clase tolerará y aun apreciará temas ordinarios cuando sepan que el resultado será la madurez.

Un Equipo Practica la Comunicación Abierta

Un equipo puede perder la cohesión y caer en el desconcierto si carece de comunicación. Un efectivo líder de equipo informa continuamente a los miembros de éste la tarea y los objetivos ante ellos. No solo el líder se comunica con el equipo, sino que el equipo debe también tener la libertad de comunicarse con el líder. Muchas corporaciones han ido a la bancarrota porque el gerente general estaba inconsciente de las dificultades en la fábrica. En un equipo efectivo, cada miembro es capaz de dar su opinión y proveer información.

Un Equipo se Construye Sobre la Confianza

La confianza es el pegamento que mantiene intacto a un equipo. Un equipo sin confianza se desintegra rápidamente. Un líder nunca puede exigir confianza, sino que por la consecuencia y la lealtad gana el derecho de que se confíe en él. Cada miembro del equipo gana la confianza del equipo de la misma manera.

Los Miembros del Equipo Practican el Estímulo

Todos disfrutan ser felicitados por un trabajo bien hecho. Los miembros del equipo procuran apoyar a los demás en sus vulnerabilidades para que todo el equipo sea fortalecido.

Los Miembros de Equipo Manejan el Fracaso con Compasión

Proverbios 24:16 declara: "Porque siete veces cae el justo, y vuelve a levantarse; mas los impíos caerán en el mal". Aun los justos cometen errores. Los miembros del equipo reconocen que el fracaso no es la persona, sino lo que sucede. Cuando un miembro falla, los otros miembros del equipo responden con compasión y perdón. Ellos consideran el fracaso como una experiencia de aprendizaje de la cual todos se pueden beneficiar.

Los Miembros del Equipo Desempeñan Diferentes Dones

Los Vaqueros de Dallas son un gran equipo de fútbol. Sin embargo, ellos se volverían rápidamente infectivos si Emmit Smith decidiera ser el quarterback, y si Toy Aikman decidiera jugar en la defensa. Ambos hombres son extraordinariamente hábiles jugadores de fútbol. Pero ellos comprenden que tienen un papel específico que jugar para los Vaqueros de Dallas. Su talento, sus habilidades, su experiencia, y su personalidad determinan su papel. En una clase hay solamente un maestro, pero cada alumno tiene un papel que jugar y una contribución que hacer al equipo. Comprender ese papel fomenta la paz, la armonía, y la efectividad.

Los Miembros del Equipo Evalúan su Ejecución

Cuatro tipos de consecuencias puede haber tras la ejecución de una persona:

1. **Una consecuencia positiva.** Algo bueno ocurre (desde la perspectiva de la persona)—alabanza, reconocimiento, promoción, o una oportunidad mayor para obrar. Si se ofrece una recompensa, la persona propende a repetir la acción. Las personas tienden a buscar lo placentero. Las consecuencias positivas motivan la conducta futura.

2. **Redirección.** La ejecución es detenida y los esfuerzos de la persona son recanalizados para corregir lo que se estaba haciendo incorrectamente. Si una persona es redirigida para hacer algo correctamente, ella es apta para continuar haciéndolo correctamente. La redirección puede ser una poderosa manera de hacer que las personas cambien su conducta.

3. **Una consecuencia negativa.** Algo malo ocurre (desde la perspectiva de la persona), por ejemplo, una reprimenda, un castigo, una degradación, o una cancelación de una actividad. Las personas tienden a alejarse del dolor. Si una acción produce consecuencias desagradables, la persona propende a evitarla.

4. **Ninguna respuesta.** Nada se dice o hace después de la acción. Las buenas acciones que no reciben reconocimiento por lo general son descartadas; las malas acciones continuarán sin cambiar. La única excepción es la persona autorealizada, o sea, que le encanta lo que hace y continuará haciéndolo reciba o no reconocimiento por ello. La ejecución

es más influida por las consecuencias—eso es, la respuesta de un entrenador que está en el lugar.[21]

Muchos maestros y líderes descuidan el proceso de evaluación porque temen ofender a los demás. La evaluación es esencial para mejorar la ejecución. Una definición de locura es "continuar haciendo lo que siempre ha hecho y esperar diferentes resultados". Usted necesita evaluar, re-equipar, tratar de nuevo, y luego volver a evaluar para asegurar el crecimiento continuo.

Máxima 6 del Liderazgo: Liderazgo no es Necesariamente Ministerio

Ministrar es servir a Dios ayudando a otros mediante la obra de sus propios manos. Realizar la tarea por sí mismo produce satisfacción. Liderazgo es servir a Dios equipando a otros a fin de que usen sus manos para ayudar a la gente. El líder encuentra satisfacción en capacitar a otros para ministrar efectivamente. Un líder no sólo comprende, sino que implementa el proceso de equipar como se explica en Efesios 4:11, 12.

Máxima 7 del Liderazgo: Liderazgo no es Administración

Hay una diferencia entre liderazgo y administración. Stephen Covey en su libro *Principle-Centered Leadership* (Liderazgo centrado en el principio) describe el contraste:

Liderazgo tiene que ver con dirección—con asegurarse de que esto último esté descansando sobre la debida pared. Administración tiene que ver con velocidad. Liderazgo tiene que ver con visión—con mantener la misión en mente—y con efectividad y resultados. Administración tiene que ver con establecer estructura y sistemas para obtener esos resultados.[22]

Liderar una clase es más que mantener una lista, llamar a los ausentes, y preparar la sala. Esas tareas son parte de administrar una clase. Liderar una clase envuelve llevar sus alumnos por la senda espiritual hacia la madurez.

Máxima 8 del Liderazgo: Los Líderes Actúan ante la Necesidad

Se ha dicho, escrito, y estudiado mucho sobre los dones y aptitudes. Los líderes comprenden que cuando surge una crisis o se requiere de una decisión, deben actuar, a pesar de sus limitaciones personales. Un líder tiene una actitud de "sea lo que fuere".

¿Qué aficionado de baloncesto olvidará a Magic Johnson en el último juego del campeonato de la NBA en 1980? Magic era un puntero; su trabajo era llevar la bola y organizar la ofensiva. El jugador de centro de los Lakers, Kareem Abdul-Jabbar, estaba lesionado. Los Lakers no tenían un suplente confiable. Los escritores, comentaristas, y analistas de deporte todos predijeron la derrota del equipo. Lo que no habían tomado en cuenta fue un lider con una actitud de "sea lo que fuere". Magic, comenzando su legendaria carrera como puntero, se ofreció a jugar de centro. Los comentaristas de la televisión estuvieron asombrados de que un puntero supiera cómo lanzar un "skyhook", el tiro que Kareem había hecho famoso. Esa noche, Magic Johnson anotó 42 puntos y los Lakers ganaron el campeonato. Magic fue seleccionado el Jugador más Valioso de la serie de campeonato, y su lugar como líder de los Lakers fue asegurado.

¿Quién es el Jugador más Valioso en su iglesia? ¿Será usted? El Jugador más Valioso será aquel que esté dispuesto a adelantarse y dirigir cuando la situación requiere de un líder. Usted tal vez no crea que tiene los derechos o talentos para ello, pero cuando sale de su zona de comodidad, Dios honra su fe. En el Nuevo Testamento, Pablo tuvo una actitud de "sea lo que fuere". Reconoció que sus vulnerabilidades, cuando eran unidas con la fortaleza de Dios, se convertían en puntos positivos. Él escribió: "Y me ha dicho (Dios): Bástate de mi gracia; porque mi poder se perfecciona en la debilidad" (2 Corintios 12:9).

Pablo tenía tanta confianza en la fidelidad y el amor de Dios, en sus promesas y en lo que Cristo había obtenido para él en la cruz, que estaba dispuesto a arriesgarse a fracasar. Su confianza en Cristo lo liberó para gloriarse en su humanidad que estaba siendo conformada a Cristo. Pablo no tenía temor al fracaso porque no temía a su susceptibilidad al fracaso. El podía aceptar sus inevitables vulnerabilidades porque entendía que la gracia de Dios ya las había cubierto a todas. De hecho, las vulnerabilidades de Pablo fueron los mismos canales por los que el poder de Cristo pudo se manifestado en su vida. ¡Y nuestras vulnerabilidades son los mismos canales por los que el poder del Cristo resucitado puede ser manifestado en nuestra vida![23]

No tema aventurarse a lo desconocido. James Bryant Conant dijo: "Consideren a la tortuga: Ella solamente se adelanta cuando saca su cuello ". El camino al buen éxito espiritual está a menudo pavimentado con pasos inciertos. Tales pasos a menudo implican riesgo. Recuerde, "todo lo puedo en Cristo que me fortalece" (Filipenses 4:13).

Máxima 9 del Liderazgo: Los Líderes son Visionarios

Una clara visión y grupo de valores operantes son solamente un cuadro de cómo las cosas serían si todo pasara como ha sido planeado y la visión estuviera siendo cumplida. Los atletas mundiales a menudo visualizan el momento en que rompen el record mundial, lanzan un juego perfecto, o hacen un lanzamiento de 99 yardas. Ellos saben que el poder proviene de tener un claro cuadro mental de su potencial de mejor ejecución.[24]

La visión es el método que Dios utiliza para motivar a las personas a acercarse más a Él. Usted nunca hará grandes cosas para Dios si está satisfecho con el status quo. La visión dirige nuestros pasos hacia el crecimiento.

Los maestros efectivos tienen la visión de Dios para sus clases. "Esencialmente uno debe buscar el conjunto de metas de Dios, no los deseos de su corazón o los frutos de sus habilidades naturales, aunque la intención sea agradar a Dios".[25]

- ¿Cómo usted obtiene la visión de Dios para su ministerio?
- Entender su propósito.

- Evaluar la necesidad.
- Escuchar al Espíritu Santo.
- Buscar el consejo del liderazgo espiritual.
- Escuchar a las personas que tienen su mejor interés en consideración.

Máxima 10 del Liderazgo: Los Líderes Escuchan

"El Doctor S. S. Hayakawa dice: "Si podemos escuchar como podemos hablar, estaremos mejor informados y seremos más sabios al crecer, en vez de estancarnos como algunos con el mismo cúmulo de prejuicios a los 65 años que teníamos a los 25 años."[26]

Una persona que escucha anima a los otros a comunicar sus sentimientos. Es difícil para los alumnos manifestar lo que están realmente pensando y sintiendo. No desean ser rechazados, heridos, contradichos, o avergonzados. En la sociedad de hoy, muchos jóvenes tienen una opinión fatalista, pues creen que "a nadie importa lo que pienso de todos modos, y que el futuro no cambiará". Un líder eficaz puede animar a los alumnos a revelar sus verdaderas heridas, sentimientos, y necesidades.

¿Cuán efectiva sería su enseñanza si usted supiera exactamente lo que sus alumnos están sintiendo? Considere cómo sus lecciones cambiarían si comprendiera los temores de sus alumnos. Usted tal vez nunca ha tenido un niño que al regresar de la escuela no hay padres que lo esperan en casa. Sus padres tal vez no pasaron por un horrible divorcio. Usted tal vez nunca ha tenido un amigo que muriera por sobredosis de droga o que se suicidara. ¿Cómo puede comprender situaciones que nunca ha enfrentado? Necesita hacerse compasivo por prestar atención a las heridas, las necesidades, las esperanzas, los temores, y los sueños de otros. Escuche con un corazón perceptivo. Pida a Dios que agrande su entendimiento. Los maestros conscientes y atentos deben poder identificar las necesidaes más grandes de su clase.

Cualidades de un Líder

¿Cuáles son algunas cualidades de un líder? ¿Qué características, actitudes, y conductas debe tener un líder?

1. **Un líder valora el bien del grupo por encima de la preferencia personal.** Un líder apoya todos los programas y ministerios de la iglesia, a pesar de su preferencia personal. Los otros miembros del equipo ministerial consideran al líder como un aliado.

2. **Un líder nunca se satisface con su condición espiritual, sino que siempre está procurando crecer.** Todos los líderes siguen aprendiendo. Cuando los líderes dejan de aprender, también dejan de dirigir. Un líder está seriamente comprometido con su propio desarrollo espiritual.

3. **Un líder tiene una pasión genuina por los perdidos.** La pasión de un líder por los perdidos se evidencia al dar, compartir, y orar. La falta de preocupación por el pecador descalifica al líder. La obra de Dios en el Calvario ejemplifica su interés por los perdidos.

4. **Un líder sirve voluntariamente, y rara vez se queja.** Los quejosos son malos líderes. Un líder se ocupa de la tarea a mano, sin quejarse.

5. **Un líder acepta a todos, y no rehúye a nadie.** Aquellos que gobiernan mediante la exclusión son malos líderes. Dividen el grupo, destruyen la armonía, y crean mala voluntad. Un líder procura incluir a todos. No todos pueden ser amigos íntimos del líder, pero todos tienen un líder.

6. **Un líder es sensible a los demás.** Los líderes ponen gran prioridad en los sentimientos de los demás. Genuinamente se preocupan por su clase.

7. **Un líder evita aun la apariencia del mal.** Usted no puede moldear a otros sin ser ejemplo. Aquellos a quienes usted dirige observan cada una de sus acciones.

8. **Un líder adora con entusiasmo.** ¡A Dios le encanta ser alabado! Un líder alaba en "espíritu y en verdad".

9. **Un líder participa en todo, aun cuando no sea su preferencia personal.** El espíritu de cooperación es vital para el equipo. Un líder apoyará las personalidades y actividades sean o no particularmente agradables.

10. **Un líder es proactivo, no reactivo.** Cuando su primera

acción es reacción, normalmente es mala. Los líderes procuran producir un cambio, no reaccionar al cambio.

11. **Un líder se disculpa rápidamente cuando se equivoca.** ¡Hay poder en la disculpa! Una disculpa sincera y honrada pone fin al conflicto.

12. **Un líder es fiel en todos los aspectos de la iglesia.** Un líder asiste a los servicios de los domingos por la mañana, por la noche, y durante la semana.

13. **Un líder es puntual.** No puede esperar de sus alumnos lo que no está dispuesto a hacer usted mismo. Si normalmente llega tarde a la iglesia, ¡no se queje cuando sus alumnos llegan tarde a la clase!

14. **Un líder es responsable.** Un líder da la bienvenida al clima de responsabilidad y procura establecer relaciones con aquellos que están en autoridad.

15. **Un líder tiene un corazón tierno.** Un líder es abierto y sensible a la obra del Espíritu Santo, y teme la dureza de corazón casi tanto como el pecado.

16. **Un líder busca la excelencia.** Un líder rehúsa conformarse con lo ordinario y procura crear la excelencia en cada área. Su esfuerzo tal vez no produzca lo mejor, ¡pero debe ser lo mejor de usted!

17. **Un líder resuelve el conflicto.** Un líder es un pacificador. Tardo en culpar a otros y diligente en asumir la responsabilidad, tal líder procura sanar las relaciones.

18. **Un líder escoge sabiamente sus amigos.** Los pájaros de la misma especie vuelan juntos, su madre pudo haber dicho, pero es aún verdad. Pablo dice: "las malas compañías dañan las buenas costumbres" (1 Corintios 15:33 Nueva Versión Internacional).

19. **La palabra de un líder es buena.** "El impío es enredado en la prevaricación de sus labios; mas el justo saldrá de la tribulación" (Proverbios 12:13).

20. **Un líder es amoroso.** Jesús dijo que nuestro amor es la mejor prueba de nuestro discipulado: "En esto conocerán todos que sois mis discípulos, si tuviereis amor los unos

con los otros" (Juan 13:35).

21. **Un líder produce cambio.** Un líder procura de continuo mejorar programas y ejecución, y no se satisface con lo común.

22. **Un líder es un siervo.** El liderazgo más efectivo es el liderazgo servicial.

23. **Un líder ama su familia.** Los líderes comprenden la importancia de su propia familia y hogar, y procuran por ello equilibrar las responsabilidades ministeriales y familiares.

24. **Un líder comparte su fe.** Todos somos llamados a ser testigos. Usted no necesita ser un evangelista para ser un ganador de almas.

25. **Un líder tiene líderes y los respeta.** Si usted no respeta a sus líderes, sus seguidores no lo respetarán a usted.

5
Comunicando Para Alcanzar Madurez

El Proceso de Enseñar para Alcanzar Madurez

La vida cristiana es más que una creencia, es también una conducta. Es más que un credo, es también carácter. Santiago 1:22 dice: "Pero sed hacedores de la palabra, y no tan solamente oidores, engañándoos a vosotros mismos". D. L. Moody una vez dijo: "La Biblia no fue entregada para aumentar nuestro conocimiento, fue entregada para cambiar nuestra vida." Al prepararse para enseñar, debe prepararse con la meta de la madurez en mente. Los alumnos deben salir de la clase transformados así como también informados.

En muchas ocasiones el maestro recibe un material trimestral y depende completamente de sus instrucciones. Sin embargo, para dirigir sus alumnos a la madurez, usted debe moldear cada lección a sus alumnos, individualmente. El maestro sabio utiliza el currículum como una guía, adaptando la lección de cada semana a las necesidades de los alumnos. Cada semana, al preparar su lección, considere las siguientes preguntas. Ellas lo ayudarán a asegurarse de que su enseñanza sea práctica, aplicable a la vida, y que lleve al crecimiento en los demás.

PREGUNTA 1: ¿QUIÉN ES MI AUDITORIO?

Sea usted un pastor, un maestro de escuela dominical, o cualquier otro tipo de orador público, su primera pregunta debe ser: ¿quién es parte de mi auditorio? 1 Corintios 9:22, 23 nos da este primer paso:

> Entre los débiles me hice débil, a fin de ganar a los débiles. Me hice todo para todos, a fin de salvar a algunos por todos los medios posibles. Todo esto lo hago por causa del evangelio, para participar de sus frutos (Nueva Versión Internacional).

Su primer paso es comprender cómo piensa su auditorio. Jesús fue muy efectivo con las personas porque las comprendía. En varias ocasiones los Evangelios dicen que "Jesús conocía sus pensamientos". Jesús siempre estaba consciente de los individuos que estaban ante Él.

Al considerar su auditorio, piense en estas cuatro importantes preguntas:

- ¿Qué los hace reír?
- ¿Qué los hace llorar?
- ¿Qué ocupa su tiempo?
- ¿De qué carecen?

Si usted puede determinar lo que hace reír a alguien, conoce su nivel de felicidad. Si puede determinar lo que lo hace llorar, conoce su nivel de dolor. Si puede determinar lo que ocupa su tiempo, conoce sus intereses. Si puede determinar de lo que carece, conoce sus necesidades. Si descuida los desafíos, problemas, y tensiones de sus alumnos, no verá su dolor; si no ve lo que les interesa, perderá la habilidad de alcanzarlos en el punto de su necesidad. Ellos tal vez quieran saber cómo Dios puede hacer una diferencia en sus negocios o en su casa, en su clase o en su trabajo. Si ese es su interés, no disfrutarán de una disertación sobre los Rollos del Mar Muerto. Pablo nos da algunas instrucciones útiles sobre la enseñanza relacionadas con las necesidades de nuestros alumnos: "Ninguna palabra corrompida salga de vuestra boca, sino la que sea buena para la necesaria edificación, a fin de dar gracia a los oyentes" (Efesios 4:29).

En la comunicación el oyente está constantemente preguntándose, ¿qué significa esto para mí? Usted probablemente se estará haciendo la misma pregunta al leer este capítulo: ¿Cómo me ayudará esta información? El propósito de enseñar es mover a las personas de donde están a donde Cristo desea que estén. La enseñanza eficaz a menudo comienza con una necesidad, al abordar un área de preocupación en la vida del alumno.

La preparación de la lección es para muchos una lucha semanal porque se están haciendo la pregunta equivocada. La pregunta equivocada es, ¿sobre qué debo enseñar esta semana? La pregunta correcta es, ¿a quién enseñaré esta semana? Si usted puede descubrir su auditorio y sus necesidades, tendrá una buena idea de lo que Dios desea que diga. Cuando un padre entra en su clase y dice: "Mi hija está en las drogas; mi hijo se ha alejado de Dios," y usted está en medio de un estudio de 8 semanas sobre la arqueología y la Biblia, tal vez esa persona no regrese. Los Rollos del Mar Muerto son importantes, pero usted puede comenzar relacionándolo con las necesidades y el dolor de sus amigos.

PREGUNTA 2: ¿QUÉ DICE LA BIBLIA SOBRE LOS PROBLEMAS DE SUS ALUMNOS?

Ahora que ha identificado los problemas de sus alumnos, la segunda pregunta que debe hacerse es, ¿qué dice la Biblia sobre sus problemas? ¿Hay en la Biblia una respuesta a sus problemas? Para cada problema, hay una promesa correspondiente. Busque todos los versículos sobre el problema que ha seleccionado. Utilice su concordancia y diferentes versiones bíblicas. Descubra cómo la palabra de Dios considera el problema. Recuerde, estamos intentando tratar los problemas de nuestro auditorio en la forma en que Jesús lo hizo. El Señor comenzó donde las personas se encontraban; Él no comenzó con su propio programa.

¿Cuál es el propósito de la Biblia? Toda la Escritura es inspirada por Dios y útil para enseñar la fe, corregir el error, restablecer la dirección de la vida, adiestrar para el buen vivir. El principal propósito de la Biblia no es enseñar arqueología bíblica o solo principios doctrinales. El principal propósito de la Biblia es transformar el carácter, producir en una persona la semejanza de Cristo. Por tanto, la enseñanza siempre debe estar relacionada con la vida, aun cuando esté enseñando doctrina. Es importante enseñar sobre el Espíritu Santo. Pero también debe relacionar esa enseñanza con la vida. Él no es un espíritu obscuro, como el fantasma de la Navidad del libro de Dickens. El no es una nube con ojos. El Espíritu Santo es una persona que desea intimidad con usted y comunicarse con usted.

No es nuestra tarea hacer pertinente a la Biblia, ¡puesto que ella es pertinente! Nuestra tarea es mostrar su pertinencia. ¿Cómo mostramos su pertinencia? Ilustramos la pertinencia de la palabra de Dios aplicándola a los problemas de hoy.

PREGUNTA 3: ¿CÓMO HE DE DECIRLO PARA QUE TENGA SENTIDO?

Hay miles de lanzadores de beisbol. Todos se paran a la misma distancia de la base: 60 pies y 6 pulgadas. Todos lanzan pelotas del mismo tamaño. Pero la diferencia entre un profesional y un aficionado es la entrega. Esta es una parte importante del proceso de enseñanza. Después de determinar lo que la Biblia dice sobre las necesidades de sus alumnos, pregúntese, ¿cómo puedo decirlo para que mis alumnos puedan entenderlo? ¿Cómo he de decirlo para que tenga sentido? ¿Cómo puedo hacerlo práctico para ellos? Cualquiera que sea la edad de sus alumnos, la responsabilidad suya es comunicarles la palabra de Dios en un nivel que ellos puedan entender.

El cristianismo es un estilo de vida. La enseñanza se enfoca en mostrar a las personas cómo vivir. El resultado de una enseñanza sólida es carácter, una diferencia en el estilo de vida del alumno. No es suficiente con sólo interpretar el texto.

Este debe ser aplicado en forma práctica. La interpretación sin aplicación es inútil.

Al estudiar el Nuevo Testamento, usted puede reconocer que es casi enteramente aplicación. Considere el Sermón del Monte. ¿Qué porcentaje es práctico? Cada versículo es aplicación para la vida; ciento por ciento es práctico. La epístola de Santiago es aplicación, una guía para vivir la vida cristiana. Aun la epístola a los Romanos, tal vez la más doctrinal en la Biblia, es mitad aplicación. Ocho capítulos exponen doctrinas, los ocho restantes proveen una aplicación práctica. Efesios es mitad aplicación. Gálatas es casi todo aplicación. Pablo continuamente equilibró su enseñanza entre doctrina y deber, entre creencia y conducta. ¿Por qué la Palabra de Dios es aún pertinente después de cientos de años? Porque trata de asuntos de la vida.

Jesús no dijo: "He venido para que tengáis información." El dijo: "He venido para que tengáis vida" (vea Juan 10:10). Sin aplicarse, sus lecciones se vuelven meramente una inocua discusión. Aplicar la lección a la vida debe ser nuestra meta cada semana. Si no puede encontrar una aplicación para la vida en la lección programada, busque una nueva lección.

Si desea que su enseñanza tenga sentido, he aquí algunas guías útiles:

1. Determine lo que desea que sus alumnos hagan. ¿Cuál específicamente debe ser su respuesta? La Gran Comisión dice: "enseñándoles que guarden todas las cosas que os he mandado" (vea Mateo 28:20), no "enseñándoles para que recuerden". A veces, sugiera una tarea práctica.

2. Discuta la razón de que deben hacerlo. ¿Por qué debo hacer este cambio en mi vida? ¿Qué hará por mí? Explique los beneficios del cambio y las desventajas de rechazarlo.

3. Muestre cómo hacerlo. El sermón de Pedro en Pentecostés es un perfecto ejemplo. Comienza con las preguntas de su auditorio y termina con una aplicación. La pregunta que comenzó el sermón fue: "¿Qué quiere decir esto?" (Hechos

2:12). Al final de la respuesta de Pedro, la gente preguntó: "¿qué haremos?" Y Pedro respondió: "Arrepentíos, y bautícese cada uno de vosotros" (Hechos 2:37, 38).

Los maestros deben mostrar a sus alumnos cómo aplicar el mensaje. Provea a su clase un proceso paso a paso. Nada se vuelve dinámico hasta que usted es específico. La gente busca repuestas prácticas.

Al final de cada mensaje y cada clase, sus alumnos no deberían hacer esta pregunta, "Sí, ¿pero cómo?" Nosotros enseñamos "necesitan ser buenos padres". Sí, ¿pero cómo? "Necesitan ser santos." Sí, ¿pero cómo? "Necesitan tener una vida devocional." Sí ¿pero cómo? Debemos siempre responder la pregunta "cómo". La exhortación sin explicación conlleva a frustración. Debemos equilibrar la enseñanza de "deberían" con la de "cómo".

PREGUNTA 4: ¿CUÁL ES LA MANERA MÁS POSITIVA DE DECIRLO?

Después de determinar los problemas de los miembros de su clase, lo que la palabra de Dios dice al respecto y cómo comunicarlo en una manera que puedan entender, determine la forma más positiva de decirlo. La Biblia nos dice que hablar en una manera positiva aumenta nuestra persuasión. "El sabio de corazón es llamado prudente, y la dulzura de los labios aumenta el saber" (Proverbios 16:21).

Demasiado predicadores y maestros dicen cosas en una manera negativa. Usted no anima a las personas humillándolas. ¿Funcionan las reprimendas con usted? No, la crítica sólo pone a la gente a la defensiva. Jesús dijo: "Porque no envió Dios a su Hijo al mundo para condenar al mundo, sino para que el mundo sea salvo por él" (Juan 3:17). El Espíritu Santo es el agente de convicción, no el maestro. Cuando usted es cáustico, jamás puede ser persuasivo. Colosenses 4:5, 6 provee buena instrucción: "Andad sabiamente para con los de afuera, redimiendo el tiempo. Sea vuestra palabra siempre con gracia, sazonada con sal, para que sepáis cómo debéis responder a cada uno".

Jesús vino a predicar las buenas nuevas. Cuando usted está preparando una lección, pregúntese: ¿Es esta lección buenas nuevas? ¿Enseña todavía contra el pecado? Por supuesto. El problema es, hemos pecado; la promesa es, podemos ser perdonados. "Porque la paga del pecado es muerte, mas la dádiva de Dios es vida eterna en Cristo Jesús Señor nuestro" (Romanos 6:23). Usted puede enseñar contra el adulterio o puede enseñar cómo proteger su matrimonio de los amoríos. ¡Promueva la alternativa positiva! ¡Muestre a las personas cómo cambiar!

¿Cómo entonces debe enseñar sobre un pasaje negativo? Enseñe sobre un pasaje negativo con una actitud humilde y amorosa. No enseñe sobre el infierno como si estuviera contento de que haya personas que irán allí. Cuando enseña sobre un tema negativo, póngase en el mismo bote que sus alumnos. Sea transparente, abierto, y honrado. Confiese donde ha fallado. En vez de decir "ustedes necesitan . . .", diga, "necesitamos . . ." .

PREGUNTA 5: ¿CUÁL ES LA MANERA MÁS ALENTADORA DE DECIRLO?

Después de determinar la forma más positiva de compartir su mensaje, determine la manera más alentadora en que puede decirlo. Considere lo que la Biblia dice sobre el aliento: "La congoja en el corazón del hombre lo abate; mas la buena palabra lo alegra" (Proverbios 12:25).

Cada semana usted puede esperar que sus alumnos tendrán tres necesidades fundamentales:

1. Que su fe sea reforzada.
2. Que su esperanza sea renovada.
3. Que su amor sea restaurado.

Al enseñar a corazones quebrantados, usted siempre es pertinente. Su trabajo es infundir en sus alumnos nueva esperanza y recordarles que con Cristo ninguna situación es desesperada. Anímelos. Alivie su dolor; confírmelos.

Jesús consoló a los afligidos y afligió a los cómodos. Jesús dijo cosas negativas a los fariseos santurrones, no a los inconversos. ¿Por qué reprendió a los fariseos? Lo hizo porque ellos siempre estaban diciendo cosas negativas a todos los demás. ¡No sea negativo! No lo exprese tal como es. Todos saben cómo es. Dígalo como puede llegar a ser. Las palabras alentadoras infunden entusiasmo al corazón del oyente.

PREGUNTA 6: ¿CUÁL ES LA MANERA MÁS SIMPLE DE DECIRLO?

Después de determinar la forma más positiva y alentadora de relacionar la respuesta de la Biblia con las necesidades de su clase, determine la manera más simple de decirlo. Pablo habló simplemente a sus seguidores. El dijo: "Así que, hermanos, cuando fui a vosotros para anunciaros el testimonio de Dios, no fui con excelencia de palabras o de sabiduría" (1 Corintios 2:1).

Note que Pablo contrasta la oratoria con las palabras simples. Más tarde en el mismo capítulo él dice: "No les hablé ni les prediqué con palabras sabias y elocuentes" (Nueva Versión Internacional, vea el versículo 4). ¿Qué es elocuencia? Elocuencia es simplemente expresar dramáticamente aquello con lo cual la gente ya está de acuerdo. Se usa para reforzar los valores ya sostenidos, para rescatar las creencias con las cuales la gente ya concuerda. Es la manera antigua de comunicar.

Jesús enseñó verdades profundas en maneras simples. El decía: "Considerad los lirios del campo" (Mateo 6:28) al enseñar sobre la preocupación. Muchos de nosotros hacemos exactamente lo opuesto. Enseñamos verdades simples en maneras profundas. Muchas veces, cuando pensamos que somos profundos, sólo estamos confusos. Marcos 12:37 dice que "la gente común del pueblo le oía de buena gana" (paráfrasis del autor). Si esa es la manera que Jesús enseñó, es la manera la que nosotros debemos enseñar. Charles Spurgeon dijo que un sermón es como un pozo. "Si hay algo en él, parece brillante y refleja". Pero añadió: "Si no hay nada, parece oscuro, profundo, y misterioso."

Es fácil comunicar el evangelio. Es mucho más difícil comunicarlo en forma simple, fácil de entender. Recuerde, ¡las cosas más simples son a menudo las más fuertes! Albert Einstein dijo una vez: "Usted realmente no comprende algo a menos que pueda explicárselo a su abuela." No tema ser llamado un maestro simple. Hay diferencia entre ser simple y simplístico. Simple es decir: "Este es el día que hizo el Señor, nos gozaremos y alegraremos en él". Simplístico es decir: "que tenga un buen día". Existe una gran diferencia entre ambos. Usted puede ser brillante, pero si no puede comunicarlo en una manera simple, su sabiduría no vale mucho. Las cosas simples comunican efectivamente. Usted puede recordar varias cosas para mantener su mensaje simple:

1. Condense el mensaje en un oración. Si no puede decirlo en una oración, su propósito probablemente no es muy claro. A menos que sepa exactamente a dónde se dirige, las personas no podrán seguirlo.
2. Mantenga su bosquejo simple. Un estudio reveló que la persona poco interesada sólo puede recordar dos puntos de información. Una persona interesada puede recordar siete puntos. Demasiado de nada pierde su valor. Mantenga su bosquejo simple y exprese sus puntos varias veces.
3. Haga de sus puntos la aplicación de su bosquejo. Haga que los puntos de su bosquejo sean puntos de acción. Si la única cosa que la gente puede recordar son sus puntos, haga que estos sean fácil de aprender. Ponga un verbo en cada punto. Ayude a que sus alumnos se conviertan en "hacedores de la Palabra". Mantenga su lección simple y será memorable.

Pregunta 7: ¿Cuál es la Manera Más Poderosa de Decirlo?

Después de determinar la forma más simple, alentadora, y positiva de exponer la palabra de Dios, determine la manera más poderosa de transmitirla. La manera personal de relacionar las verdades de la palabra de Dios es la más poderosa.

Ninguna presentación es más efectiva que un testimonio personal. Pablo lo sabía. "Tan grande es nuestro afecto por vosotros, que hubiéramos querido entregaros no sólo el evangelio de Dios, sino también nuestras propias vidas; porque habéis llegado a sernos muy queridos" (1 Tesalonisenses 2:8).

Una persona con un testimonio es más persuasiva que una persona con un argumento. Usted será mucho más efectivo como testigo de lo que jamás podrá ser como orador. ¿Cómo puede compartirlo de la manera más personal y poderosa?

1. Comparta sus luchas y vulnerabilidades. No tema ser trasparente. Note el ejemplo de Pablo: "Porque hermanos, no queremos que ignoréis acerca de nuestra tribulación que nos sobrevino en Asia; pues fuimos abrumados sobremanera más que allá de nuestras fuerzas, de tal modo que aun perdimos la esperanza de conservar la vida" (2 Corintios 1:8). La enseñanza con confesión crea credibilidad. El verdadero secreto de la comunicación efectiva es la habilidad de quitarse la máscara y compartir sus emociones más profundas. Aunque usted puede ser malinterpretado por unos pocos, se conectará emocionalmente con muchos. Por ejemplo, al enseñar sobre el enojo, comparta de un tiempo cuando tuvo dificultad para gobernar su temperamento.

2. Comparta donde está obteniendo progreso. Las personas crecen mejor cuando tienen un ejemplo que seguir. No puede moldear sin ser ejemplo. Pablo dijo: "Sed imitadores de mí, así como yo soy de Cristo" (1 Corintios 11:1, paráfrasis del autor). Jesús mostró este tipo de enseñanza "encarnada". El ministro es el mensaje. Usted debe modelar su mensaje. Debe procurar crecer en las mismas áreas en que está instando a sus alumnos a crecer.

3. Comparta lo que está aprendiendo ahora. Pablo dice que nuestra propia vida es prueba de la verdad del mensaje: "nuestro mensaje llegó a vosotros con profunda convicción" (paráfrasis del autor, vea 1 Corintios 2:1-5;

1 Tesalonicenses 1:5). A través de la historia, los que han cambiado el mundo no han sido necesariamente los más inteligentes, educados, o ricos. Los que han cambiado el mundo, para bien o para mal, han sido personas con las convicciones más profundas. Transmita a sus alumnos las revelaciones que Dios le está enseñando ahora. La influencia es efecto de la convicción personal. Con toda probabilidad, lo que a usted afecta también afectará a sus alumnos.

PREGUNTA 8: ¿CUÁL ES LA MANERA MÁS EFECTIVA DE DECIRLO?

Muy diversos métodos pueden ser utilizados para comunicar una verdad. Los maestros sabios varían sus métodos de semana a semana. Durante el curso de una lección un maestro puede utilizar una variedad de métodos (lectura, contar historias, discusión, preguntas y respuestas, visuales, drama) para ayudar el paso de la clase.

No tema usar un método que nunca ha utilizado. ¡Puede mejorar su enseñanza y hacer que su clase sea divertida!

El Propósito de Enseñar para Alcanzar la Madurez

Las páginas anteriores de este capítulo han tratado con el proceso de la enseñanza. Muchos manuales de adiestramiento para el maestro se detienen en este punto. Sin embargo, el proceso no es el aspecto más importante de la enseñanza. Si la meta de enseñar es el cambio de vida y la transformación de carácteres, entonces la prueba de la enseñanza es, simplemente ¿hay cambio de vida? El objetivo fundamental del maestro que tiene como meta la madurez es equipar a los santos para el ministerio. En Efesios 4:11-16, Pablo asigna a los pastores y maestros un papel en el cuerpo de Cristo: el perfeccionamiento o capacitación de los santos para hacer la obra del ministerio. Los maestros más efectivos equipan a los creyentes para que a su vez sean equipadores. ¡Cada miembro debe servir como ministro!

¡La iglesia modelada según Efesios 4 es impresionante!

Imagine una iglesia en la que cada miembro tiene un ministerio. La iglesia sería un centro de energía y actividad. Todos tendrían parte en el proceso de crecimiento. Desde el niño más pequeño al adulto más anciano, cada parte del cuerpo de la iglesia serviría un propósito para mejorar al Cuerpo en general. ¿Quién no desearía ser parte de una iglesia así?

Para alcanzar este objetivo, la meta de equipar a los santos para el ministerio, tenemos que reconsiderar nuestro enfoque tradicional de la capacitación para la enseñanza.

La descripción típica del trabajo de un maestro de escuela dominical es semejante a la siguiente:

- Llegar por lo menos 30 minutos antes de su clase cada semana para poder recibir a los nuevos asistentes e invitados.
- Preparar debidamente su lección asignada cada semana.
- Preparar todos los volantes, hojas de trabajo, etc., antes de la sesión de clase.
- Cada semana contactar por teléfono o correo a cada ausente y visitante de la clase.
- Notificar al superintendente con por lo menos una semana de antelación cualquier domingo en que estará ausente.
- Al culminar el período de clase, asegurarse de que la sala esté arreglada y que todos los materiales hayan sido respuestos en su lugar.
- Orar regularmente por sus alumnos.
- Ser constante en su asistencia a la iglesia como un ejemplo para sus alumnos.

Cada uno de estos puntos es muy importante. Necesitamos estar preparados y prestar atención a cada detalle. Sin embargo, la descripción de trabajo de Dios para los maestros puede ser bastante diferente. En *The 7 Laws of the Learner* (Las 7 Leyes del Alumno) Bruce Wilkinson presenta la descripción de trabajo de Dios para todos los maestros basado en Efesios 4:16. Luego pregunta, "¿qué cosas considerará Dios al evaluarnos como maestros?"

Considere algunos increíbles puntos principales que Dios ha

revelado que probablemente estarán en nuestro examen final:

1. La naturaleza del ministerio en el cual nuestros alumnos participan (obra de ministerio). Tendemos a tener una idea totalmente diferente de la de Dios en cuanto a nuestra enseñanza. Su énfasis está siempre en lo que nuestros alumnos hacen; nuestro énfasis está en lo que nosotros, los maestros, hacemos. Su énfasis está en la obra de ministerios en la cual nuestros alumnos participan; nuestro énfasis está en el bosquejo del curso y notas en las cuales estamos ocupados. La primera pregunta que Dios puede hacernos posiblemente se enfocará en la obra específica de ministerio que nuestros alumnos están haciendo como resultado de nuestra clase.

2. El porcentaje de nuestra clase que está ministrando personalmente ("cada parte"). Note de nuevo el contraste en la idea. El énfasis de Dios está siempre en la participación completa de todos los miembros; nuestro énfasis está sobre el 20 por ciento que parece ser "fiel". De algún modo hemos transigido y permitido el 80 por ciento de falta de participación. La norma de Dios es "cada parte", y por tanto, seremos evaluados en base a eso.

3. El grado al que nuestros alumnos están realizando la obra de ministerio de acuerdo con su capacidad ("su parte"). ¡Qué increíble idea presenta el Señor en este y otros pasajes clave del Nuevo Testamento (que Él no sólo ha dado a cada creyente una personalidad singular, sino que también ha dispensado soberanamente un don espiritual para el propósito del ministerio. Demasiado a menudo pensamos que en cuanto la persona esté "haciendo algo para Dios", hemos cumplido con nuestro deber y nuestra misión. ¡El Señor no busca que nos conformemos con personas con 10 talentos pero que realizan obras de servicio de solo 2 talentos! Ni se complace cuando sus hijos son puestos equivocadamente fuera del área para la cual Él los ha dotado soberanamente.

4. La cualidad y cantidad de la obra realizada por nuestros alumnos ("obra efectiva"). Cuando Dios terminó la Creación, descansó y la evaluó exclamando, "¡es buena!" Dios es un Dios de excelencia y todas sus obras son excelentes. Él espera que nosotros, como funcionarios comisionados en su ejército de maestros, adiestremos continuamente y mejoremos la ejecución de nuestros alumnos. Muy pocas clases tienen una norma de ejecución objetiva más allá de unos exámenes sobre el contenido. El Señor no sólo está interesado en que nuestros alumnos trabajen, sino que está interesado en que trabajen efectivamente. Para tener obreros efectivos, necesitamos ser maestros efectivos.

5. El porcentaje de crecimiento en nuestra clase ("causa de crecimiento del cuerpo"). Cuando realmente tomamos la palabra del Señor y hacemos su trabajo a su manera, podemos estar seguros de que veremos los resultados que Él ha prometido. Conforme las personas utilizan activamente sus dones espirituales en el ministerio efectivo, el Señor promete que producirá el crecimiento del cuerpo, que no debe ser limitado sólo al crecimiento espiritual. Para un ejemplo bíblico, note el explosivo crecimiento de la iglesia en los primeros capítulos de Hechos.

6. Ministerio mutuo constante, normal, y espontáneo entre los miembros de la clase ("edificarse en amor"). La idea de la mayoría de los maestros es que ellos son prácticamente los únicos responsables de ministrar a sus alumnos. En contraste, el Señor espera que nuestros alumnos se ministren unos a otros como si fueran el maestro o ministro. Dios está interesado en que los cristianos no sólo se reúnan, sino que realmente se unan para que la edificación mutua se produzca. Él desea que cada miembro de su iglesia tenga más y más auto-iniciativa para que cuando vea o escuche alguna necesidad, inmediatamente responda por un sentido de participación y responsabilidad.[27]

Hay una gran diferencia entre nuestro criterio para el buen éxito y el de Dios. La idea del típico maestro es muy diferente de la expectativa de Dios. Nosotros enfocamos nuestra enseñanza en lo que hacemos. Dios enfoca nuestros alumnos, lo que ellos llegan a ser. ¡Imagine la diferencia si los maestros nos propusiéramos alcanzar los objetivos de Dios en nuestras clases! Estas son sólo algunas de las diferencias:

- La *atención* estaría dirigida a la respuesta de los alumnos, en vez del talento del maestro.
- La *evaluación* estaría centrada en el crecimiento del alumno en el ministerio, en vez de la ejecución del maestro de tareas específicas.
- La *responsabilidad* del cuidado de la clase sería transferida del maestro a todos los miembros del cuerpo.
- El *ministerio* de la clase sería expandido conforme todos los miembros realizan su parte.

En la mayoría de las iglesias, el foro principal para el discipulado es la clase de la escuela dominical. Para producir creyentes maduros, debemos enseñar con el expreso propósito de alcanzar la madurez. Esta madurez intencional requiere atención al proceso de enseñanza, pero también exige cuidadosa atención al producto de la enseñanza. Muchos maestros se contentan con dominar el proceso correcto sin nunca evaluar el producto. ¡Debemos hacerlo todo!

El Producto de Enseñar para Madurez

El producto de enseñar para madurez es miembros que se ocupan activamente en el servicio y ministerio. La enseñanza para madurez producirá crecimiento en su clase y en su iglesia. Cuanto más personas sean puestas en el servicio del ministerio, tanto más crecerá el potencial del ministerio de la iglesia lo que hará que ministre a un mayor número de personas. Equipar a los santos para el servicio y lanzarlos al ministerio comienza un ciclo de crecimiento y entusiasmo. Comenzarán nuevos ministerios y nuevos segmentos de la comunidad serán alcanzados.

Las iglesias que han adoptado este modelo de ministerio laico han encontrado que equipar a la persona en los bancos para el servicio resulta en creatividad en el ministerio como nunca se imaginaron. A medida que los miembros de la iglesia buscan encontrar su lugar para el servicio, Dios los guía al hallazgo de ideas innovadas para el ministerio. Considere sólo algunos de los ministerios no convencionales iniciados al equipar a los santos:

- Un señor jubilado comenzó un depósito de comida y ropas para ministrar a los desamparados de su comunidad.
- Un hombre joven comenzó un ministerio a los corredores de patinetas. Pronto, cientos de adolescentes estuvieron escuchando el evangelio cada semana.
- Un plomero de unos 50 años se sintió llamado a ministrar en las cárceles de su estado. Actualmente dirige a numerosos reclusos en estudios bíblicos cada semana.
- Un ama de casa comenzó un ministerio para madres jóvenes, que se reunían para tener momentos de refrigerio, instrucción, oración, y apoyo mutuo.
- Un hombre de negocios que se jubiló temprano asume el ministerio de "cuidado pastoral". Él cuida de sus pastores, ora por ellos, y los ayuda en varias tareas.
- Una mujer soltera que sobrevivió el trato abusivo de un cónyuge comienza un ministerio semanal en un refugio para mujeres.

¿Cómo pueden comenzar en su iglesia estas clases de ministerios? Equipe a cada creyente para el servicio. ¡El producto de la enseñanza para madurez es el ministerio entusiasta, innovador y explosivo!

6
Madurez Colectiva

Actitudes

La madurez no debe ser sólo un crecimiento de las clases de la escuela dominical y de los grupos pequeños, sino un crecimiento de cada aspecto de la iglesia. La iglesia que forma discípulos enfoca la meta de madurez en cada grupo y área. Cada miembro de su clase debe crecer en cada aspecto de la iglesia.

Desarrollar las actitudes correctas es un componente importante del crecimiento y de la madurez. A menudo la única diferencia entre crecimiento y estancamiento es la actitud. Para recibir el máximo beneficio de la clase, de grupos pequeños, y de servicios generales de adoración, el creyente en crecimiento debe también tener la actitud correcta.

Debemos procurar reproducir cuatro actitudes en nuestros discípulos.

UNA ACTITUD DE EXPECTATIVA

Asistimos a la iglesia a menudo. Muchas personas asisten al servicio del domingo por la mañana, escuela dominical, servicio por la noche y clases los miércoles de noche. Es fácil venir y seguir la corriente en forma rutinaria. ¡La iglesia es especial! Es un maravilloso privilegio adorar en la presencia de Dios. Pero a veces cantamos en el servicio, oramos por las necesidades, y nos sentamos durante el sermón sin mostrar ningún interés. ¿Por qué? Porque venimos a la iglesia sin ninguna expectativa.

Quienes tienen una actitud de expectativa están listos para recibir algo de Dios cada vez que vienen a la iglesia, a la escuela dominical, o cada vez que abren sus biblias en sus devocionales personales. ¡La expectativa motiva a los alumnos a escuchar atentamente, a tomar notas, y a responder positivamente a los desafíos! Usted puede esperar recibir algo de Dios cada vez que su Palabra es abierta. La persona que carece de expectativa se pregunta, ¿por qué no fui ministrado hoy? Esta persona se queja de no ser "alimentado". Tales personas no son alimentadas porque no están esperando comida. Ellos no procuran crecer. El libro de los Hechos cuenta la maravillosa historia de un hombre que tenía una actitud de expectativa.

> Pedro y Juan subían juntos al templo a la hora novena, la de la oración. Y era traído un hombre cojo de nacimiento, a quien ponían cada día a la puerta del templo que se llamaba la Hermosa, para que pidiese limosna de los que entraban en el templo. Este, cuando vio a Pedro y a Juan que iban a entrar en el templo, les rogaba que le diesen limosna. Pedro, con Juan, fijando en él los ojos, le dijo: Míranos. Entonces él les estuvo atento, esperando recibir de ellos algo. Mas Pedro dijo: No tengo plata ni oro, pero lo que tengo te doy; en el nombre de Jesucristo de Nazaret, levántate y anda. Y tomándole por la mano derecha le levantó; y al momento se le afirmaron los pies y tobillos; y saltando, se puso de pie y anduvo; y entró con ellos en el templo, andando, y saltando, y alabando a Dios. Y todo el pueblo le vio andar y alabar a Dios. Y le reconocían que era el que se sentaba a pedir limosna a la puerta del templo, la Hermosa; y se llenaron de asombro y espanto por lo que le había sucedido (Hechos 3:1-10, énfasis añadido).

El hombre estaba esperando recibir algo antes de saber lo que recibiría. Su expectativa condujo a su milagro. Cuando usted entra en la iglesia, ¡espere recibir algo de Dios! Cuando el pastor comienza su sermón, espere aprender algo de la palabra de Dios. Cuando esperamos recibir, recibimos.

Una Actitud de Tolerancia

En un típico santuario de una iglesia, ¿qué sostiene al techo? Hay un gran área sin columnas ni apoyo visible para el techo. ¿Qué impide que se caiga sobre las cabezas de la congregación? ¿Qué hace que permanezca en el aire, aparentemente en su propia simetría? La respuesta es tensión. La tensión mantiene al techo en su lugar. El techo está compuesto de muchas varas y cruces que se estiran en dirección opuesta. La tensión entre ellas mantiene unido al techo.

¿Cómo se aplica esto a una iglesia? La diversidad puede crear tensión. Los únicos grupos que no toleran diversidad son las sectas. Muchas personas sólo quieren confraternizar y adorar con personas iguales a ellas. No están dispuestas a permitir que otros con gustos, preferencias, o estilos diferentes sean parte del grupo. Las iglesias, clases, y grupos nunca crecerán si adoptan la actitud de "nosotros solo y nadie más". Hay la posibilidad de que ya haya alcanzado a alguien que es exactamente igual a usted. Para formar una gran iglesia, debemos reconocer el valor que Dios pone en cada individuo. No podemos rechazar a una persona por la cual Cristo murió.

Una Actitud de Comunidad

Una actitud de comunidad es importante en toda iglesia y clase. Esta actitud tiene que ver con nuestra fraternidad, nuestro amor unos por otros. Jesús indicó que esta actitud es la norma por la cual otros juzgarán nuestro discipulado. "Un mandamiento nuevo os doy: Que os améis unos a otros; como yo os he amado, que también os améis unos a otros. En esto conocerán todos que sois mis discípulos, si tuviereis amor los unos con los otros" (Juan 13:34, 35). La iglesia del siglo veintiuno será desafiada a demostrar amor en un mundo cada vez más perverso y lleno de odio. Nuestro amor visible mutuo y por el mundo nos identificará como la iglesia de Jesucristo. Nuestro amor recíproco nos permitirá vencer las diferencias de opinión y asuntos polémicos. "Y ante todo, tened entre vosotros ferviente amor; porque el amor cubrirá multitud de pecados" (1 Pedro 4:8).

UNA ACTITUD DE SERVICIO

El creyente maduro, a menudo referido como aquel que tiene un "corazón de siervo" desarrollará una actitud de servicio. Un creyente con esta actitud pondrá voluntariamente a los demás delante de sí mismo y servirá a la iglesia con un espíritu gozoso. Un corazón de siervo le permite considerar cada tarea, trabajo, o asignación como un ministerio. Esta actitud es una clave para la madurez. Jesús modeló la cualidad de liderazgo servicial. Filipenses 2:5 dice: "Haya, pues, en vosotros este sentir que hubo también en Cristo Jesús". En vez de venir a la tierra con una comitiva real, Él vino solo a un humilde pesebre. Él entregó su vida por nuestros pecados, ilustrando la más grande actitud de sacrificio.

> Yo soy el buen pastor; y conozco mis ovejas, y las mías me conocen, así como el Padre me conoce y yo conozco al Padre; y pongo mi vida por las ovejas. También tengo otras ovejas que no son de este redil; aquéllas también debo traer, y oirán mi voz; y habrá un rebaño, y un pastor. Por eso me ama el Padre, porque yo pongo mi vida, para volverla a tomar. Nadie me la quita, sino que yo de mí mismo la pongo. Tengo poder para ponerla, y tengo poder para volverla a tomar. Este mandamiento recibí de mi Padre. (Juan 10:14-18).

De igual modo, le servimos entregando nuestra vida, talentos y habilidades.

Hábitos

Hay muchos hábitos que pueden ser desarrollados y métodos que pueden ser utilizados en una iglesia que ayudarán a promover la madurez en la vida de cada miembro.

Tomar Notas

Los psicólogos dicen que tenemos el potencial de recordar sólo hasta el 10% de lo que escuchamos. Y ese potencial no es exacto. A decir verdad, si usted recuerda 10% de lo que escucha, está dentro de la categoría de genio. Infortunadamente, la mayor parte de la educación cristiana se orienta a lo escuchado. Por eso a menudo es tan insuficiente. Si agregamos ver al oír, los psicólogos dicen que nuestro potencial sube al 50%. Por eso las visuales son tan importantes. Vivimos en una sociedad orientada a lo visual.[28]

¡Deseamos que las personas recuerden lo que enseñamos! Nuestra enseñanza no resultará en madurez si se olvida rápidamente. Un método muy efectivo de permitir ver y escuchar la información que se enseña es proveer bosquejos a los oyentes para permitirles completar los espacios en blanco apropiados. En muchas iglesias se proveen notas del sermón en el boletín, y los maestros proveen bosquejos en cada clase. Los miembros pueden obtener un diario en el cual compilan todos los sermones y notas de la clase.

Repetición

Considere nuestras primeras etapas de desarrollo. Aprendemos a caminar intentándolo vez tras vez. Aprendemos a hablar escuchando a nuestros padres repetir interminablemente mamá y papá. La repetición es un método muy efectivo de aprender. Como maestros no podemos temer repetir información y aplicaciones hasta que sean reproducidas en la vida de nuestros alumnos. Jesús modeló este estilo de aprendizaje. En varias ocasiones, Él enseñó a los discípulos la importancia de un corazón de siervo. Jesús lavó los pies de ellos (Juan 13:5). Les dijo: "De cierto, de cierto os digo: El siervo no es mayor que su señor, ni el enviado es mayor que el que le envió" (Juan 13:16). En otra ocasión Jesús respondió a Sus discípulos diciendo: "Mas entre vosotros no será así, sino que el que quiera hacerse grande entre vosotros será vuestro servidor, y el que quiera ser el primero entre vosotros será vuestro siervo" (Mateo 20:26, 27). Jesús reforzó la verdad por medio de la repetición. El autor y editor americano Clifton Fadiman dijo una vez: "Cuando usted vuelve a leer un clásico no ve más en el libro de lo que lo hizo antes; ve más en usted mismo de lo que vió antes." Ese adagio es aun más verdadero al estudiar la Biblia. Cada vez que repetimos una verdad, se impregna más en nuestra vida.

AUDIOVISUALES

Nuestra memoria aumenta cuando vemos la información. Muchas ayudas visuales pueden ser utilizadas para aumentar la comprensión. Los puntos del sermón o de la lección pueden mostrarse en una pantalla con proyectores de video o de transparencias. Los puntos pueden ser ilustrados con un corto video o drama presentado por miembros de la clase. Utilizar una variedad de métodos y medios ayuda a crear un mensaje memorable. Esto es efectivo para cualquier nivel de edad. Al enseñar a niños, puede utilizar videos, trabajos manuales, arcilla, papeles para pintar, títeres, o canciones para reforzar el tema central. Al enseñar a jóvenes, puede usar videos, artículos actuales de revistas y periódicos, drama y videos musicales para ayudar a ilustrar su mensaje.

TAREAS DE APLICACIÓN Y LECTURA PARALELA

Los alumnos son más propensos a asimilar la información y a aplicarla a su vida si es reforzada fuera de la clase. Un maestro puede aumentar la eficacia del mensaje si asigna una lectura paralela o ejercicio de aplicación. Leer *My Utmost for His Highest* por Oswald Chambers puede fortalecer una enseñanza sobre los devocionales personales. Un mensaje para padres puede ser apoyado si se lee *The Strong-Willed Child* (El niño de carácter fuerte) por James Dobson. Un pastor o maestro puede asignar libros que proveerán mayor información y conocimiento sobre un tema.

Los ejercicios de aplicación son poderosas herramientas

para integrar la enseñanza a los hábitos cotidianos. Después de enseñar sobre ganar almas, un maestro puede instruir a cada alumno a compartir su fe con un individuo. Después de una lección sobre el perdón, cada alumno puede escribir una carta a alguien que le ofendió y perdonarlo. Un maestro que busca producir madurez a menudo asignará una acción para seguimiento de lo aprendido. Si agregar el ver al oír aumenta el aprendizaje, ¿cuánto más aumentará al hacerlo?

Los psicólogos dicen que esta combinación sube el porcentaje de memoria al 90% . . . . Yo aprendí temprano que los alumnos pueden memorizar materiales cualquiera sea el modo que les pida y en un examen pueden contestar todo. Usted puede darles un gran A. Brillante. Pero déles el mismo examen tres días más tarde y no podrán pasarlo aunque su vida dependiera de ello. Pero después de incorporar a los alumnos en el proceso, los he examinado 25 años más tarde y todavía saben y están usando los mismos principios para estudio de la Biblia que aprendieron en mi clase—¡y que nunca memorizaron! Ellos lo aprendieron con el uso. Aprendieron en el proceso de actividad. Lo mismo es verdad en los otros aspectos de la vida cristiana . . . . Incorpórese al proceso. Esa es la mejor manera de aprender algo.[29]

Por qué los Creyentes no Crecen

Muchos miembros de la iglesia saben lo que es bueno. Ellos han aprendido correctamente los hábitos y actitudes de un creyente maduro. Pero algunos creyentes no crecen. ¿Por qué? ¿Qué impide a estas personas crecer? Muchos cristianos no crecen porque no están haciendo lo que saben que deben hacer. Están armados con la información correcta pero por alguna razón no actúan de acuerdo con dicha información. Cada maestro ha encontrado a un alumno fiel que absorbe conocimiento pero resiste el cambio de vida. Este tipo de individuo es una fuente de gran frustración. Para ayudar a tales alumnos a crecer, debemos primero entender por qué no están creciendo.

La mayoría de las personas que fracasan en sus sueños no

fracasan por falta de habilidad sino de compromiso. Una cosa es saber qué hacer, y enteramente otra es hacer lo que se sabe. Es más fácil culpar a Dios, al diablo, o los demás por nuestros fracasos que aceptar el hecho de que más a menudo nuestras situaciones son el resultado directo de nuestras propias decisiones. "La insensatez del hombre tuerce su camino, y luego contra Jehová se irrita su corazón" (Proverbios 19:3).

La buena noticia es esta: La mayoría de las cosas en nuestra vida que pueden ayudarnos a tener buen éxito serán determinadas por nuestras elecciones. La mala noticia es: la mayoría de las personas fracasan cuando intentan tomar las elecciones correctas. Varias cosas les impiden optar por hacer lo que saben que deben hacer.

VACILAR EN EL COMPROMISO

John Maxwell dice:

> Hasta que me comprometo, hay una indecisión, una oportunidad de retraerme. Pero en el momento en que me comprometo definitivamente, Dios también se mueve, y toda una corriente de eventos surge. Todo tipo de incidentes, reuniones, personas, y material de ayuda imprevistos de los que nunca podría haber soñado que pasarían por mi camino comienzan a fluir hacia mí —el momento en que asumo un compromiso.

En el área de compromiso, usted puede hacerse estas cinco preguntas:

1. ¿Qué realmente deseo?
2. ¿De qué se requerirá para que se produzca?
3. ¿Importa bastante que haré lo que sea necesario para que se produzca?
4. ¿He retrasado su inicio?
5. ¿Quién puede ayudarme a alcanzar ese punto?

J. C. Penney una vez dijo: "A menos que esté dispuesto a sumergirse en su trabajo más allá de la capacidad del hombre común, no es adecuado para las posiciones más elevadas".

Para ir más allá de la posición común, debe hacer más que la persona común. En *The One-Minute Manager* (El administrador de un minuto) Ken Blanchard dice: "hay una diferencia entre interés y compromiso. Cuando está interesado en hacer algo, lo hace sólo cuando es conveniente. Cuando está comprometido con algo, usted no acepta excusas." Muchas personas no actúan según la información correcta que poseen porque no están dispuestos a hacer el compromiso.

TEMOR AL FRACASO

Es difícil creerlo, pero las personas exitosas experimentan fracaso casi tan a menudo como las personas sin buen éxito. Comúnmente, los exitosos fracasan dos de cinco veces que intentan algo, y los sin buen éxito fracasan tres de cinco veces. Todos fracasamos. No existe una persona que no experimente el fracaso. Algunos no hacen lo que deben porque temen al fracaso.

No sólo todos fracasamos, sino que fracasamos a menudo. Demasiadas personas cuando fallan erigen un monumento a su fracaso y pasan el resto de su vida rindiendo homenaje. ¡Algunos se estancan por años en un solo fracaso! Debemos considerar al fracaso como una experiencia momentánea y volátil. Charles Kettering dijo: "Prácticamente nada sale bien la primera vez. Los fracasos repetidos son postes indicadores en el camino al buen éxito. La única vez que uno no fracasa es la última vez que prueba algo y funciona. Uno fracasa avanzando." Para muchas personas, su temor al fracaso es tan agudo que nunca siquiera comienzan. A principios del siglo XX, Elbert Hubbard dijo: "No hay fracaso excepto en no tratar más."

Nada jamás se intenta sin algunos obstáculos. El fracaso no tiene que ser derrota. Comenzar es el primer paso hacia el éxito. Para que las personas actúen según la información que reciben, necesitan desarrollar el coraje de comenzar.

LUCHAR CONTRA EL CAMBIO

El mundo cambia de continuo. En años recientes la política de obsolescencia planeada ha sido adoptada por la manufacturación.

Obsolescencia planeada significa que la duración de vida de un producto es predeterminada. Las computadoras se fabrican con el conocimiento de que nueva tecnología las harán obsoletas en tres años. Los automóviles son fabricados con el conocimiento de que durarán sólo cierto tiempo. Si tiene entre 18 y 21 años de edad, más de la mitad de las naciones sobre la tierra no existían en su forma actual cuando usted nació. El promedio de los norteamericanos nacidos en la década del 1990 tendrán ocho diferentes trabajos y vivirán en 30 casas en el correr de su vida. ¡Vivimos en un mundo de continuo cambio!

Muy pocas personas disfrutan del cambio. De hecho, la única persona que siempre disfruta del cambio es un bebé húmedo. Usted puede estar pensando: "Yo no resisto al cambio". Si piensa que le gusta el cambio, trate esta simple prueba: Esta noche cuando venga a cenar con su familia, deje que otra persona ocupe su asiento. ¡Somos criaturas de hábito! ¡En algunas iglesias, hay quienes rehúsan quedarse para el servicio si otro está sentado en su banco!

La gente resiste el cambio por varias razones:

- Mal entendimiento. Cuando el propósito del cambio no es claro, causa ansiedad y temor.
- Falta de participación. La gente resiste el cambio cuando se siente descartada en el proceso.
- Patrones de hábitos. Es difícil cambiar hábitos desarrollados en el trascurso del tiempo.
- Insuficiente recompensa. Cuando el dolor en el cambio es mayor que lo que hay, no se produce ningún cambio.
- Amenaza de pérdida. Cuando la gente se siente amenazada de perder algo que considera valioso—dinero, seguridad, control—resiste el cambio.
- Tradición. Es difícil aceptar algo nuevo cuando "siempre lo hemos hecho de esta manera".
- Crítica personal. Algunas personas resisten el cambio porque temen ser criticados si cambian.

¿Cuándo cambiará la gente? John Maxwell juzga que las

personas cambiarán cuando les duele tanto que deben hacerlo, cuando aprenden lo suficiente que desean hacerlo, o cuando reciben suficiente poder que son capaz de hacerlo.

Favorecer el Lema "Eso es Suficiente"

La gente a menudo no crece porque adoptan la actitud de hacer sólo lo suficiente. Usted las oye decir frases como "eso es suficiente"; "bueno para obra de gobierno"; "con eso está bien"; "nadie jamás notará la diferencia"; "bueno, no es perfecto, pero funcionará". Las personas exitosas siempre dan más de lo esperan obtener. No se conforman con la mediocridad. James Francis Burns, secretario de Estado para Franklin Roosevelt, dijo,

> Descubrí a temprana edad que la mayoría de las diferencias entre la gente común y las grandes personas pueden ser explicadas con una simple frase: "y luego un poco más". Las personas más elevadas hacen lo que se espera de ellas, y luego un poco más. Son consideradas y repetuosas con otros, y un poco más. Cumplen con sus obligaciones y responsabilidades, y un poco más.

La actitud "y luego un poco más" nos permite continuar haciendo lo que es correcto cuando otros se dan por vencidos.

Falsa Percepción

Las personas no hacen lo que saben que es correcto cuando su percepción es falsa. Cuando tenemos una percepción falsa, a menudo no vemos el cuadro completo de lo que Dios está haciendo en nuestras vidas. Confundimos nuestra percepción de lo bueno con el bien fundamental. La gente toma decisiones basada en la satisfacción temporal en vez del crecimiento a largo plazo. Raras veces vemos nuestras faltas, debilidades, o defectos como Dios los ve. Cuando la gente carece de discernimiento, a menudo ve las cosas incorrectamente.

Caer en el Comportamiento Inconsecuente

La consecuencia es una señal de madurez. Las tendencias y emociones pueden ir y venir, pero las personas que pueden ser consecuentes serán exitosas en poner su conocimiento en práctica. El libro de Proverbios habla del hombre consecuente: "Muchos hombres proclaman cada uno su propia bondad, pero hombre de verdad, ¿quién lo hallará?" (Proverbios 20:6).

Lo opuesto de la persona consecuente es la persona de conveniencia. Considere las siguientes diferencias entre las personas convenientes y las consecuentes:

- Las personas de conveniencia se basan en la emoción; las personas consecuentes se basan en el carácter.
- Las personas de conveniencia hacen lo más fácil; las personas consecuentes hacen lo correcto.
- Las personas de conveniencia son controladas por sus temperamentos; las personas consecuentes son gobernadas por sus prioridades.
- Las personas de conveniencia tienen una actitud egoísta; las personas consecuentes tienen una actitud de siervo.
- Las personas de conveniencia buscan excusas; las personas consecuentes buscan soluciones.
- Las personas de conveniencia renuncian en los momentos difíciles; las personas consecuentes continúan durante los tiempos dificultuosos.[30]

La gente a menudo se convierte en inconsecuentes al no hacer lo que saben que es bueno.

FRACASO EN LAS RELACIONES

El buen éxito es 13% conocimiento del producto y 87% conocimiento de la gente. Muchas personas no hacen lo que deben porque fallan en las relaciones con los demás. John Maxwell, hablando de las relaciones, dice: "Cuando usted no agrada a las personas, si pueden le harán daño. Si no pueden hacerle daño, no lo ayudarán. Si tienen que ayudarlo, no desearán lo bueno para usted. Si no desean lo bueno para usted, aun si obtiene, la victoria es hueca". Si no puede congeniar con otras personas, es difícil poner en práctica el conocimiento de madurez. Para el creyente maduro, las relaciones son más importantes que las realizaciones.

7
Creando Programas para Madurez

Cada iglesia debe tener la meta de producir discípulos. Sin embargo, a menudo la dificultad viene al coordinar cada departamento y clase para asegurar que el proceso de madurez continúe en cada área. Es esencial que cada grupo, departamento, ministerio especializado, líder, obrero, y miembro del personal comprenda la meta común y trabaje hacia ella. Para que el cuerpo local de Cristo funcione propiamente, cada parte debe comprender su propósito en la misión general. El apóstol Pablo ilustró esta relación sinergética en un pasaje familiar:

Además, el cuerpo no es un solo miembro, sino muchos. Si dijere el pie: Porque no soy mano, no soy del cuerpo, ¿por eso no será del cuerpo? Y si dijere la oreja: Porque no soy ojo, no soy del cuerpo, ¿por eso no será del cuerpo? Si todo el cuerpo fuere ojo, ¿dónde estaría el oído? Si todo fuese oído, ¿dónde estaría el olfato? Mas ahora Dios ha colocado los miembros cada uno de ellos en el cuerpo, como él quiso. Porque si todos fueran un solo miembro, ¿dónde estaría el cuerpo? Pero ahora son muchos los miembros, pero el cuerpo es uno solo (1 Corintios 12:14-20).

Necesitamos personas ocupadas en cada ministerio. La iglesia sana tiene individuos de variados talentos, dones, y personalidades que sirven en ministerios que se adecúan a sus fortalezas.

En la Primera Asamblea de Dios en North Little Rock, Arkansas, más de 600 laicos toman parte en una variedad de ministerios: Escuela Dominical, Exploradores del Rey, Misioneritas, Escuela Dominical en la Vereda, iglesias para niños, sala de bebés, ministerio de estacionamiento, seguridad, ujieres, recibidores, hospitalidad, biblioteca, sonido, luces, prensa, televisión, coro, orquesta, preparación de comidas, jardín preescolar, mantenimiento, ministerio en prisiones, y muchos otros. Un número tan grande de voluntarios requiere que varios componentes estén en su lugar para asegurar una dirección unificada. En la Primera Asamblea, cada ministerio es dirigido por la Declaración de Misión de la iglesia, que incluye la frase "discipular a los creyentes". Es parte vital de la estrategia de la iglesia producir madurez en sus miembros. ¿Cómo entonces puede coordinar, evaluar y crear ministerios para producir madurez? ¿Cómo nos aseguramos de que cada parte del cuerpo esté cumpliendo su propósito para el bien fundamental de la iglesia y del reino de Dios, y que cada programa esté enfocado en la meta común de producir creyentes maduros? Empleando ocho componentes.

Componente 1: Establecer Objetivos y Expectativas Claros

A menudo los ministerios no están enfocados en una meta común simplemente porque esta no se expresa con claridad. Cada líder de ministerio debe tener un conjunto claramente definido de objetivos y expectativas a fin de poder establecer el escenario para la futura evaluación. La evaluación es difícil sin tener un criterio establecido. ¿Cómo podemos responsabilizar a alguien por no producir discípulos si nunca le dijimos que necesitaba hacerlo? Por ejemplo, en la Primera Asamblea de Dios, un líder de grupo de discipulado del ministerio de hombres tiene las siguientes expectativas y objetivos:

• Orar por cada hombre en su grupo cada semana.

- Contactar a cada miembro de su grupo cada semana.
- Estudiar y completar todo lo que requiere que los miembros del grupo estudien y completen.
- Completar el curso de estudio asignado en 14 semanas.
- Al finalizar su estudio de 14 semanas, estar preparado para identificar por lo menos un hombre en su grupo que ha crecido hasta el punto de poder dirigir ahora un grupo.
- Ser abierto, honrado y transparente con su grupo.
- Compartir sus luchas con el grupo e ilustrar la ayuda de Dios para vencer las dificultades.
- Además de preparar una sesión semanal, pasar un mínimo de 30 minutos cada día en el estudio de la Biblia y en oración.
- Estar comprometido a la asistencia fiel a la iglesia, incluidos el domingo por la mañana, domingo por la noche, y miércoles por la noche.
- Orar en el altar con los miembros de su grupo.

Cada hombre que desea dirigir un grupo recibe antes estas expectativas. Algunos, al ver las expectativas, pueden optar por no dirigir. Pero los líderes que comprenden lo que se requiere están mejor equipados para cumplir las demandas de la visión.

Componente 2: Apropiarse de la Visión

En la Primera Asamblea de Dios, para poder trabajar en cualquier área, uno debe primero creer en la "visión de la casa". Los hijos de Israel aprendieron este importante principio mientras estaban en el desierto. Moisés se sintió frustrado a causa de las quejas del pueblo. Ellos estaban cansados del maná. Moisés oró, y dijo a Dios que la carga de dirigir al pueblo y responder a cada necesidad estaba convirtiéndose en más de lo que podía soportar. Dios respondió a Moises:

> Reúneme setenta varones de los ancianos de Israel, que tú sabes que son ancianos del pueblo y sus principales; y tráelos a la puerta del tabernáculo de reunión, y esperen allí contigo. Y yo descenderé y hablaré allí contigo, y tomaré del espíritu que está en ti, y

pondré en ellos; y llevarán contigo la carga del pueblo, y no la llevarás tú solo (Números 11:16, 17).

Más adelante en el capítulo leemos que Dios hizo lo que prometió; Él ungió líderes que ayudaran Moisés:

> Y salió Moisés, y dijo al pueblo las palabras de Jehová; y reunió a los setenta varones de los ancianos del pueblo, y los hizo estar alrededor del tabernáculo. Entonces Jehová descendió en la nube y le habló; y tomó del espíritu que estaba en él, y lo puso en los setenta varones ancianos; y cuando posó sobre ellos el espíritu, profetizaron, y no cesaron (Números 11:24, 25).

Los líderes de Israel recibieron la visión de su líder. Si los miembros del personal, líderes laicos y voluntarios, no tienen la visión del líder, no podrán trabajar efectivamente en la iglesia. Las personas deben tener el mismo espíritu del líder para poder guiar en la dirección común. Los ancianos de Israel no podrían soportar la carga del pueblo hasta que recibieran el espíritu del líder—Moisés. Cuando el pueblo obtiene el espíritu y la visión que Dios ha puesto en su líder, puede fluir en una unción común para alcanzar la meta.

Cuando los apóstoles impusieron manos sobre los diáconos, Felipe y Esteban salieron y obraron milagros, señales y maravillas. ¿Por qué? Ellos tenían el mismo Espíritu que los apóstoles. Ellos no eran apóstoles, pero poseían el Espíritu. Muchos individuos en las iglesias están llenos del Espíritu Santo—operan con dones y tienen una clara unción—pero nunca se han puesto a tono con la "visión de la casa". Son cristianos, están en la casa, pero no se han apropiado de la visión. Jesús dijo: "Una casa dividida contra sí misma, no permanecerá" (Vea Mateo 12:25). Si tiene dos visiones en la casa, tendrá división.

Entonces en la Primera Asamblea de Dios, antes de que las personas sean puestas en un ministerio, deben determinar si están de acuerdo con la visión y la meta de producir discípulos. Nuestra Declaración de Misión ha sido ampliada para incluir estas ocho declaraciones con las cuales los líderes de ministerio deben concordar.

El Evangelismo Debe Tener Prioridad Respecto de las Actividades

La iglesia en la década de 1990 parece adicta a las actividades: sermones ilustrados, extravaganzas musicales, celebraciones con fuegos artificiales, invitados con grandes nombres, conciertos, dramas, desfiles. Muchas iglesias se sienten impulsadas por las actividades y viven para "el próximo gran día". Nosotros hemos determinado que el evangelismo es nuestra prioridad. "Como iglesia perdemos algunas grandes multitudes y maravillosa publicidad al rechazar cualquier actividad o invitado que no se adecúe a la visión de la iglesia. De todos modos, toda actividad debe cumplir el criterio de conducir a las personas a Jesús.

El Cuadro Completo Tiene Prioridad Respecto de los Programas

Tratamos de ser una iglesia de "cuadro completo". Nuestro interés no está en tener la mayor cantidad de programas, los mejores boletines, o la última tendencia ministerial. De hecho, tenemos menos programas que la mayoría de las iglesias del mismo tamaño. El cuadro completo de la Primera Asamblea de Dios es nuestra meta común, nuestra misión. Tratamos continuamente de mover a las personas de la salvación a la santificación, hasta la glorificación. Algunos programas no se adecúan a nuestro cuadro. Cuando vemos el cuadro completo, se elimina el estrecho enfoque de los esfuerzos individuales.

La Unción Tiene Prioridad Respecto de la Habilidad

El talento y la habilidad son muy buenos. En muchas iglesias los líderes son seleccionados exclusivamente según el criterio de talento. Deseamos que las personas más talentosas estén sirviendo en el área de sus dones. Pero nada es más poderoso que una persona talentosa que sirve en la presencia de una unción santa. A veces optamos por no usar algunas personas talentosas. ¿Por qué? Su prioridad está en su talento, la ejecución. Un monótono ungido por Dios es más efectivo que una voz profesional sin el poder de Dios. Un maestro menos hábil puede ser más poderosamente efectivo cuando es ungido por el Espíritu Santo de Dios.

La Responsabilidad Tiene Prioridad Respecto de la Autoridad

Las Escrituras nos enseñan que todo lo que Dios hace se basa en su autoridad. La Biblia también enseña que Dios delega autoridad a la iglesia, al gobierno civil, y a la familia. Creemos firmemente en el propósito de la autoridad, pero reconocemos el equilibrio de la responsabilidad. Todo líder es responsable para con la visión, la misión, y el liderazgo de la iglesia.

La Madurez Tiene Prioridad Respecto Del Ministerio

Es maravilloso ministrar. De hecho, es responsabilidad de todos ser ministros de reconciliación. Pero ese ministerio debe fluir de la madurez. La madurez resulta de la enseñanza, del discipulado, y de la responsabilidad. Los ministros deben primero asumir la resposabilidad de ser maduros. ¡Esto es vital! Es imposible producir creyentes maduros si el equipo de líderes está compuesto de miembros inmaduros.

La Unidad Tiene Prioridad Respecto de la Uniformidad

La uniformidad es presión externa basada en compulsión. La unidad es presión interna basada en compasión. No sólo toleramos sino que alentamos la diversidad. De hecho, uno de nuestros puntos más fuertes radica en nuestra diversidad. Al cambiar contínuamente el clima de la sociedad, debemos reconocer la diferencia entre substancia y estilo, entre principio y preferencia. Muchas iglesias pierden valiosas oportunidades para el ministerio debido a un énfasis desproporcional en el estilo. Buscamos tolerar las diferencias de estilo pero nunca a expensas de la substancia. Nuestro contenido debe permanecer constante. Las sectas son los únicos grupos que no toleran la diversidad.

LA CONVICCIÓN CORPORATIVA TIENE PRIORIDAD RESPECTO
NUESTRA COMODIDAD CONGREGACIONAL

Es actualmente popular abrazar los ejemplos de crecimiento de la iglesia basados en las estadísticas de las personas nacidas en el decenio de 1950. Este modelo busca establecer un nivel de comodidad aceptable para cada asistente. Sin embargo, la naturaleza del evangelio es resistente o antagónica. Jesús enfrentó el pecado; nosotros debemos encarar el pecado también. Siempre podemos cerrar la puerta de atrás de la iglesia si transigimos. Pero sin convicción, nuestras distintivas pentecostales pierden prominencia.

EL CUIDADO PASTORAL TIENE PRIORIDAD RESPECTO DE LA
CONVENIENCIA PERSONAL

El cuidado pastoral no proviene sólo del equipo pastoral asalariado. Todos los maestros son ministros de cuidado pastoral y responsables de cuidar. En la Primera Asamblea de Dios, buscamos a aquellos que irán la "segunda milla" para servir en nuestro equipo. Al personal ministerial no se le permite expresar cosas tales como "no es parte de la descripción de mi trabajo", o "tengo mis propios derechos". Esas expresiones y sus correspondientes actitudes no tienen lugar dentro del equipo de líderes. La naturaleza del cuidado es tal que rara vez es conveniente. Los líderes maduros están dispuestos a renunciar a su conveniencia personal para poder ministrar a los demás.

¡Toda iglesia debe tener una visión! Cada miembro del equipo ministerial debe comprender la visión y estar comprometido a trabajar para alcanzar su meta.

Componente 3: Evaluar Anualmente Cada Programa

Muchas iglesias lanzan programas con gran cuidado y grandes expectativas. Sin embargo, ningún programa que no es evaluado mantendrá una ejecución elevada. Con el correr del tiempo, particularmente durante los cambios en el liderazgo, los programas iniciados con las mejores intenciones a menudo se desvanecen. Para asegurar que cada ministerio en la iglesia esté alcanzando la meta de producir creyentes maduros, podemos hacernos diez preguntas:

1. ¿Cuál fue el propósito original del ministerio?
2. ¿Está el ministerio cumpliendo su propósito original?
3. ¿Ha cambiado o ha sido agrandado el propósito?
4. ¿Es aún importante el propósito para la organización?
5. ¿Hay una mejor manera de alcanzar el mismo propósito?
6. ¿A quién se está ministrando?
7. ¿Están creciendo las personas como resultado del ministerio?
8. ¿Está el ministerio y su liderazgo en línea con la visión y la dirección actual de la iglesia?
9. ¿Está produciendo el ministerio nuevos líderes?
10. Si canceláramos el ministerio hoy, ¿cuál sería el resultado?

Demasiado a menudo la evaluación se reserva hasta que adviene una crisis. Si cada ministerio es evaluado cada año, los problemas pueden ser considerados antes de convertirse en crisis. Cada año cada ministerio, clase, y departamento debe ser evaluado. Esta evaluación ayuda a verificar que la dirección común de la iglesia se mantiene enfocada. Considere la reciente evaluación del programa de escuela dominical en una iglesia grande de las Asambleas de Dios:

1. ¿Cuál fue el propósito original del ministerio? Esta es una iglesia de 80 años que siempre ha enfatizado la escuela dominical. El propósito original de la Escuela Dominical fue doble: evangelismo y discipulado.
2. ¿Está el ministerio cumpliendo su propósito original? Actualmente, sí. Nuevos miembros siguen siendo añadidos a la iglesia como resultado de los esfuerzos de las clases de la escuela dominical. La capacitación cristiana se está produciendo en todos los niveles, con oportunidades para el crecimiento cuidadosamente seleccionadas para los creyentes en todas las etapas del desarrollo cristiano.
3. ¿Ha cambiado o ha sido agrandado el propósito? Sí. La

escuela dominical también suple la necesidad de un ministerio de grupos pequeños. Usamos la escuela dominical como nuestro medio principal para la interacción de grupos pequeños, fraternidad, y unión. Los grupos se reúnen como una extensión de las varias clases para adultos. La escuela dominical también sirve como la línea frontal del cuidado pastoral. Maestros, líderes, y personal de visitación a menudo son los primeros que van al lugar de la crisis.

4. ¿Es aún importante el propósito para la organización? Sí. La escuela dominical es actualmente el método más efectivo para el discipulado y el ministerio de grupos pequeños. La escuela dominical es la manera más eficaz de introducir las personas nuevas en el cuerpo de la iglesia.

5. ¿Hay una mejor manera de alcanzar el mismo propósito? No. Para reemplazar la escuela dominical se necesitaría comenzar por lo menos tres nuevos ministerios. La escuela dominical continúa siendo un ministerio viable y efectivo.

6. ¿A quién se está ministrando? La asistencia a la escuela dominical es el 80% de la asistencia al servicio de la mañana. De cada cinco familias, cuatro participan en la escuela dominical.

7. ¿Están creciendo las personas como resultado del ministerio? Sí. Se pueden identificar individuos que están pasando por el proceso de crecimiento e incorporándose al ministerio. Las clases están creciendo numérica y espiritualmente.

8. ¿Está el ministerio y su liderazgo en línea con la visión y dirección actual de la iglesia? Sí. La escuela dominical continúa desarrollándose de conformidad con la visión del cuerpo. Sin embargo, hay unas pocas áreas donde cambios del liderazgo aumentarán nuestra habilidad para avanzar la visión corporal. Estas áreas han sido identificadas y serán consideradas en el calendario de este año.

9. ¿Está produciendo el ministerio nuevos líderes? Sí. El año pasado, miembros de la clase se convirtieron en maestros

de la escuela dominical, líderes de la iglesia para niños, obreros de la escuela dominical en la vereda, y líderes de otros ministerios. Además, dos nuevas clases han sido comenzadas con nuevos maestros discipulados por otros.

10. Si canceláramos el ministerio hoy, ¿cuál sería el resultado? Cancelar la escuela dominical resultaría en un gran vacio en nuestra estategia general. Tendríamos que instituir un programa de grupos pequeños. Además, muchos miembros perderían su posición en el ministerio.

Esta evaluación ayudó a la iglesia a determinar que la escuela dominical no sólo era sana y creciente, sino que necesitaba un énfasis adicional. La escuela dominical estaba cumpliendo ambos de sus propósitos originales y había crecido a punto de suplir muchas otras vitales necesidades.

Componente 4: Evaluar el Crecimiento Actual de los Miembros

No sólo los programas deben ser evaluados sino también la afiliación, o sea, su crecimiento y desarrollo. Es importante conocer qué porcentaje de personas están diezmando, sirviendo en un ministerio, o participando en las oportunidades para el crecimiento. Evaluar la afiliación en general es a menudo difícil. Un método de evaluación es la encuesta: de una congregación, departamento, o clase. Periódicamente se puede tomar tiempo en el servicio o en la clase del domingo por la mañana para distribuir una encuesta a cada miembro. Esa información permite el examen de la demografía, de las conductas, y de los hábitos de la persona en los bancos.

De una encuesta, una iglesia obtuvo la siguiente información sobre sus asistentes:

- Los infantes y sus familias forman el 13% de la iglesia.
- Los nacidos en el decenio de 1950 y sus familias, 43% de la iglesia.
- Constructores y sus familias, 44% de la iglesia.
- Más del 80% de los asistentes fueron referidos por un

amigo, miembro de la familia, o ministro.

- Aproximadamente el 7% de los asistentes vinieron a causa de una propaganda.
- Más del 70% continúa asistiendo a la iglesia debido a la predicación, sólo el 20% a causa de un ministerio, y el 9% a causa de la música o adoración.
- El 68% diezma regularmente.
- Casi el 40% ocupa una posición ministerial.
- El 45% ha estado asistiendo a la iglesia 5 años o menos.
- Entre el 42% y 43% de los asistentes no tenían antecedentes pentecostales.

Después de compilar los resultados de la encuesta, la iglesia diseñó programas e implementó estrategias para fortalecer sus vulnerabilidades. Se comenzó una nueva clase para introducir a las personas de diversos antecedentes a las distintivas doctrinales de Pentecostés. Una serie de sermones sobre la mayordomía fue predicada para considerar el 32% que no estaba diezmando. Los miércoles por la noche se enseñó una serie sobre los dones ministeriales en la que cada persona llenó un examen para evaluación de dones. Las posiciones ministeriales fueron evaluadas y expandidas para permitir a más personas la oportunidad de servir. Una clase de escuela dominical fue diseñada para los padres de bebés, mejorando los esfuerzos para alcanzar al grupo de 30 años para abajo.

Conozca los números en su iglesia o clase - ¡los *verdaderos números*! Cuente las cabezas, mantenga registros y un promedio; pero determine lo que tiene. Saber dónde se encuentra ahora es vital para determinar dónde necesita estar en el futuro.

Componente 5: Estar Dispuesto a Suprimir los Ministerios Inefectivos

Para continuar produciendo madurez conforme con la visión, debemos estar dispuestos a descontinuar los ministerios inefectivos. Las iglesias están atestadas de programas que una vez fueron vibrantes y selectivos pero que han llegado a ser aburridos y sin vida. ¡Tenemos que terminar lo que no está funcionando! No es suficiente con meramente evaluar. Debemos actuar según los resultados de nuestra evaluación. Si el ministerio no está cumpliendo la visión de la iglesia, si no está de acuerdo con la declaración de misión, si no está activamente ocupado en producir discípulos, puede ser el tiempo de cortar la cuerda. La indisposición de descontinuar un ministerio resulta en valiosos voluntarios, salas, finanzas, y esfuerzos promocionales consumidos en un proyecto mediocre.

Cada ministerio, al comenzar, debe tener un período de prueba. Esto se conoce como "preparar la caída del sol". En vez de anunciar "vamos a tener una clase para sordos", anuncie, "durante los próximos 6 meses, ofreceremos una clase para sordos. La volveremos a evaluar en enero." En este ejemplo, una clase para los sordos es algo bueno. Pero ¿qué si los sordos no vienen? ¿Continuará la clase porque fue una "buena idea" o porque "sería horrible decir que no tenemos ya un ministerio para sordos"? Muchas iglesias continúan con programas que no tienen un propósito discernible. De hecho, a menudo aun los líderes del ministerio no saben por qué existe, y la defensa familiar "lo hemos hecho así siempre" hace eco en una sala vacía.

Componente 6: Modelar Madurez en el Liderazgo

Además de estar dispuesto a suprimir programas inefectivos, debemos también estar dispuestos a reemplazar líderes deficientes. Para producir creyentes y discípulos maduros, el liderazgo debe modelar madurez. Una máxima familiar del liderazgo lo expresa sucintamente: Enseñe lo que sabe, y reproducirá lo que es. Los líderes inmaduros producirán seguidores inmaduros. En la Primera Asamblea de Dios se hace a menudo las siguientes preguntas al equipo de líderes:

- Si todos asistieran tan a menudo como usted, ¿qué tipo de estabilidad tendríamos?
- Si todos ofrendaran tanto como usted, ¿cuál sería nuestra condición financiera?
- Si todos manejaran los conflictos como usted, ¿qué tipo de

atmósfera tendríamos?

- Si todos fueran el tipo de cristiano que usted es, ¿cuál sería nuestro testimonio para la comunidad?

Es una clave vital, un paso en el proceso que no puede ser pasado por alto: ¡los líderes tienen que estar de continuo madurando en el proceso de crecimiento! Reemplazar los líderes que no estén funcionando propiamente es siempre doloroso. Sin embargo, a menudo tales líderes son buenas personas que han sido puestas en áreas más allá de sus talentos o de su madurez. Nuestro lema es: "Cada miembro un ministro". Diferentes miembros ministran en diferentes niveles, dependiente de su nivel de compromiso y madurez. Los maestros de la escuela dominical de adultos deben desarrollar y mantener un nivel más elevado de madurez que el personal de estacionamiento. ¿Por qué? Ellos dirigen a más personas. No podemos permitir que personalidades, antigüedad, amistades u otros factores personales determinen la ubicación del liderazgo.

Componente 7: Tener Reuniones Regulares de Liderazgo

Periodicamente, los líderes de cada ministerio deben reunirse a fin de impartir la visión, fortalecer el equipo. y desarrollar sus habilidades. Además, los departamentos y ministerios deben también programar reuniones regulares. Esta interacción regular del grupo provee varios beneficios.

La Visión se Actualiza Continuamente

Las reuniones regulares con todos los líderes del ministerio dan al pastor principal una oportunidad de compartir la visión actual para la iglesia. Direcciones para el futuro pueden ser compartidas, discutidas, y desarrolladas. Esto da por adelantado al liderazgo del ministerio de la iglesia una idea del futuro. Ellos pueden entonces comenzar a orar, planear, y programar de conformidad con la visión.

Los Problemas se Resuelven

Toda iglesia tiene dificultades. Muchas de las dificultades

son el resultado de compartir salas, conflictos de horario, administración de recursos, etc. Al discutir los problemas en forma colectiva, se permite a cada líder participar en las decisiones y subsecuentemente apoyar las conclusiones.

SE DESARROLLA UN ESPÍRITU DE EQUIPO

Un equipo de fútbol está compuesto por varias unidades y escuadrones. La línea ofensiva, el cuadro ofensivo trasero, los receptores, la línea defensiva, defensores traseros, equipos especiales, y pateadores, tienen todos sus propias prácticas y ejercicios. Aún así, regularmente todo el equipo practica junto para asegurarse de que cada unidad esté operando en armonía con el resto. En un equipo efectivo, cada miembro de cada unidad comprende y apoya a los demás. Un equipo efectivo de la iglesia es similar al equipo de fútbol. El pastor debe entender el papel de los obreros de la sala de bebés, los maestros de la escuela dominical deben apoyar al personal de estacionamiento, los ujieres deben trabajar con los vigilantes. Ningún conjunto deportivo ha ganado un campeonato sin un espíritu unificado de equipo. Cuando el equipo ora, ríe, y llora junto, se desarrolla unidad.

LAS HABILIDADES SE INTRODUCEN Y MEJORAN

Para continuar dirigiendo a nuestro pueblo en crecimiento, nosotros mismos debemos seguir creciendo. En las reuniones de lidearzgo se enseña y desarrolla maneras de resolver conflictos, manejo de personas, enseñanza y dirección de personas.

LOS SUEÑOS Y METAS SON COMPARTIDOS

¡A la gente le encanta soñar! Un sueño grande y sus metas correspondientes pueden inspirar a los individuos a niveles más grandes de servicio de lo que jamás pensaron posible. Las reuniones regulares de líderes es el forum donde soñamos con nuevos edificios, ofrendas misioneras más grandes, o nuevos ministerios revolucionarios. A menudo, al soñar en voz alta, Dios trae a la luz recursos para ayudarnos a alcanzar nuestros sueños.

Se Ofrece la Oracion en Grupo

¡Hay poder en el acuerdo! Al llevar a Dios en oración nuestras necesidades individuales y de grupo, una energía divina es liberada. No hay mejor situación para orar por las necesidades de la iglesia que una reunión de líderes.

Componente 8: Oración

La oración sola no formará una gran iglesia, clase de escuela dominical, o departamento. Sin embargo, ¡usted no puede edificar una iglesia o clase grande sin oración! El personal pastoral y el equipo de líderes de la iglesia deben "bañar" cada decisión, programa, y posición en oración. Es fácil a alguien con personalidad, carisma, o picardía. Pero deseamos lo mejor de Dios para la iglesia, la clase, y el ministerio. Los superintendentes de las escuelas dominicales deben orar antes de pedir a alguien que enseñe la clase de niñas de tercer grado. La maestra de niñas de tercer grado debe orar antes de reclutar una ayudante o secretaria para la clase. La secretaria de la clase debe orar cada semana por los ausentes. Cada miembro del ministerio tiene una parte en la estrategia de oración. ¡Podemos creer que Dios producirá maestros y siervos con unción divina. Pedimos a Dios que nos ayude a continuar nuestro proceso de crecimiento personal para poder continuar dirigiendo a otros.

Estamos Programando para Madurez

La siguiente evaluación ayudará a determinar si usted está diseñando y manteniendo ministerios que están desarrollando madurez en la vida de los creyentes.

1. ¿Es cada líder capaz de expresar exacta y sucintamente la visión de nuestra iglesia o ministerio?
2. ¿Es cada programa y ministerio evaluado regularmente (por lo menos dos veces al año)?
3. ¿Se reúne el equipo de líderes regularmente para recibir instrucción, información, e inspiración?

4. ¿Comprenden los líderes lo que se espera de ellos y de su área de ministerio?
5. ¿Hemos eliminado los programas que no se conforman a la visión de nuestra iglesia?
6. ¿Modela nuestro equipo de líderes madurez en el diezmo, devoción personal, testimonio, y asistencia a la iglesia?
7. ¿Se están produciendo nuevos líderes regularmente?
8. ¿Se están reproduciendo los hábitos de un discípulo en la vida del miembro común?

Sólo al hacer y responder preguntas difíciles como estas podemos esperar iniciar y mantener programas que producen madurez en su gente.

8
Madurez Continua para Toda la Vida

La madurez es un proceso. Un cristiano típico en el trascurso de su vida experimentará períodos de crecimiento y períodos de lo que parece ser estancamiento. Este ciclo de crecimiento cristiano puede ser comparado con el ciclo del crecimiento físico. El crecimiento de bebés parece producirse diariamente. Después de una semana de ausencia, muchos padres han dicho que su bebé ha crecido por lo menos 3 pulgadas. Los niños experimentan increíbles períodos de crecimiento, pasando por zapatos y ropas en cosa de semanas. Tal crecimiento rápido no continúa. Durante el curso de la infancia, hay períodos de efervescente crecimiento y de pausado crecimiento. Al acercarse a la madurez, el adolescente puede hacer aeróbica, ejercitarse o correr para continuar el crecimiento. Como adultos a veces crecemos en lugares que no preferimos; y sólo con gran esfuerzo continuamos creciendo donde es aconsejable.

Los nuevos cristianos crecen a una increíble velocidad. ¿Por qué? La información es toda nueva. Todo, desde las historias de la Biblia, a las lecciones de la escuela dominical y los seminarios sobre la oración, es fresco y vivo. Ávidamente, los nuevos cristianos consumen tanta información e inspiración como les es posible, y crecen diariamente en Cristo. No hay nada más emocionante que discipular a los nuevos cristianos y disfrutar de su maravilla y entusiasmo. Más tarde, el proceso de crecimiento espiritual se hace lento. El crecimiento debe volverse planeado e intencional. Conforme uno madura en Cristo, las áreas en que trabajar pueden ser más pequeñas. El nuevo cristiano puede estar tratando de dejar de beber y decir grocerías, y aprender cómo orar y leer la Biblia. El cristiano maduro puede estar aprendiendo un grado mayor de ternura, explorando la perspectiva de Dios sobre el dolor, o puliendo una actitud. Sea cual fuere el estado de desarrollo espiritual, todo creyente debe continuar creciendo.

¿Cómo puede saber si todavía está creciendo? Mediante la evaluación. Si el crecimiento debe ser deliberado, debemos examinar su progreso para asegurarnos de que estamos creciendo continuamente. Las siguientes preguntas lo ayudarán a evaluar su propio crecimiento espiritual durante el año pasado.

¿ES EVIDENTE SU AMOR POR OTROS?

Los discípulos no usaban adornadas camisetas que proclamaban su condición de tales. Ellos no tenían propaganda, comerciales de televisión, ni contratos de zapatos. En la sociedad de hoy, los discípulos intentarían renegociar su contrato para asegurar un grado más elevado de visibilidad. Pero Jesús les enseñó una manera en que podían ser identificados. En esencia Jesús les dijo: "Muchachos, si quieren que todos sepan que están asociados conmigo, demuéstrenles amor y muestren amor el uno por el otro." Los discípulos tal vez se desilusionaron de que no hubiera una forma más emocionante y estupenda de ser identificados con Jesús. Amar a las personas parece cosa tan común . . . .

El amor fue la señal del discipulado entonces, y el amor es la señal del discipulado ahora. Si está creciendo, su amor por los demás está aumentando. Si su amor por los demás no está creciendo, ¡probablemente usted no está creciendo! ¿Ha mostrado este año amor a personas que el mundo considera desagradables? ¿Lo consideran otras personas como lleno de amor y amable? En la iglesia, el trabajo, y su familia; ¿saben las personas a su alrededor que usted las ama? ¿Es su amor visible, evidente, manifiesto tanto en palabras como en acciones? Si no está seguro de la respuesta, ¡pregunte a las personas en su entorno!

¿Son los Hábitos de un Discípulo Evidentes en su Vida Y Están Aumentando en Importancia?

Durante el último año, ¿ha continuado los cinco hábitos fundamentales de un discípulo? ¿Pasa un tiempo cada día en la lectura y el estudio de la Biblia? Si está en un período de crecimiento, Dios le estará revelando cosas nuevas y mediante el poder del Espíritu Santo. Un creyente maduro anticipa ansiosamente el tiempo en la Palabra.

¿Pasa tiempo cada día en oración? ¿Está pasando más tiempo que el año pasado? Para que su relación con Dios continúe progresando, usted debe estar pasando tiempo diariamente en comunión con Él. ¡Esto no es una opción! Si no está orando, ¡no está creciendo!

¿Está diezmando a su iglesia local? ¿Disfruta el ofrendar, o se ha convertido en una carga? El creyente en crecimiento da mas y lo disfruta más que nunca.

¿Está asistiendo regularmente a la iglesia? ¿Asiste a la escuela dominical, el domingo por la mañana y los miércoles por la noche?

¿Está testificando a otros? En los últimos 12 meses, ¿condujo a alguien a Jesús, o lo invitó a la iglesia? Un discípulo en crecimiento producirá otros discípulos. Nuestro entusiasmo por Jesús siempre debe ser evidente a los demás.

¿Es Más Sensible que Nunca a la Voz de Dios?

Esta pregunta trata con su sensibilidad espiritual. Los creyentes en crecimiento están conscientes de que Dios puede hablarles por medio de su Palabra, el Espíritu Santo, otros, y a través de impresiones. ¿Está pidiendo a Dios su revelación y la recibe respecto a diversas situaciones e individuos? Su antena debe siempre estar arriba y lista para recibir de Él.

¿Tiene Más Hambre de Dios que Nunca?

Esta pregunta tiene que ver con su deseo. "Como el siervo brama por las corrientes de las aguas, así clama por tí, oh Dios, el alma mía" (Salmo 42:1). Este es un maravilloso cuadro del deseo por Dios. ¿Es su hambre de Dios así de fuerte?

Pablo es un gran ejemplo de alguien que continuó en su hambre de Dios. El dijo: "a fin de conocerle" (Filipenses 3:10). Este era Pablo, un hombre que había hecho grandes cosas para Dios. ¿Por qué tendría él necesidad de conocer a Cristo? Pablo deseaba continuar creciendo en su conocimiento de Jesús. ¿Desea usted fervientemente conocer a Jesús como jamás lo quiso?

¿Es la Cualidad Del Perdón Evidente en su Vida?

¡Ay! Esta es la pregunta que muchos preferirían pasar por alto. El perdón no es natural; es sobrenatural. Pero los creyentes maduros están dispuestos a perdonar a otros de la misma manera en que Cristo los perdonó. John F. Kennedy una vez dijo: "Perdone a sus enemigos, pero recuerde sus nombres". Esa no es la idea de perdón de Dios. Debemos perdonar completamente, como hemos sido perdonados. ¿Está abrigando rencor contra alguien que lo ha herido? ¿Está renuente a restañar una herida que ha sufrido? ¿Hay personas en su trabajo, iglesia, o familia a quienes usted rehúsa perdonar? La falta de perdón detendrá su crecimiento espiritual. Es una barrera que erigimos y que nos impide tener una relación completa con Cristo.

¿Tiene un Plan Para su Crecimiento?

Usted no crecerá sin un plan. Recuerde que el crecimiento es intencional, no accidental. Cada año debe programar su camino para el crecimiento espiritual durante el próximo año. Para muchos esta es la razón principal de que no crezcan. Tienen el deseo y el tiempo para crecer. Pero descuidan planear para su crecimiento. Consecuentemente, al evaluar su año, encuentran que poco o bien ningún crecimiento se ha producido. Esperar crecer espiritualmente sin un plan es como tratar de aprender un nuevo idioma sin un maestro. ¿Cuáles son los elementos que deben incluirse en un plan de crecimiento? Puede ser todo lo que tenga que ver con el crecimiento espiritual, de relación, físico, y personal. El plan debe ser establecido mediante una cuidadosa evaluación y oración.

Un hombre de 30 años desarrolló el siguiente plan: "Durante los próximos 12 meses intentaré hacer lo siguiente:

- Leer toda la Biblia por lo menos dos veces.
- Pasar un mínimo de 30 minutos por día en oración.
- Leer por lo menos 25 libros para acrecentar mi conocimiento bíblico y mi desarrollo espiritual.
- Ofrendar más que nunca a Dios y las misiones.
- Asistir a mi iglesia los domingos, y los miércoles, y a servicios especiales.
- Discipular por lo menos a tres personas para alcanzar una relación más profunda con Jesús.
- Conducir a Jesús por lo menos una persona al mes.
- Reunirme con mi pastor trimestralmente para establecer responsabilidad y repasar mi progreso.
- Pasar más tiempo con mi esposa e hijos.
- Establecer un programa regular de ejercicios.
- Ser más sensible a las necesidades de los demás.
- Llegar a ser un mejor adorador."

Con un plan como ese, ¡ese joven probablemente crecerá!

¿Está Siguiendo su Plan de Crecimiento?

Para que un plan sea efectivo, debe ser cumplido. Esta pregunta alude a su autodisciplina. ¿Está siguiendo su plan en las áreas donde sintió que Dios lo instaba a crecer?

¿Están Conscientes de su Crecimiento Sus Dirigentes Espirituales y Ocupados en Él?

Su crecimiento será aumentado por la participación de su maestro de la escuela dominical, de su pastor, y de sus líderes espirituales. La responsabilidad ante otros es importante para el crecimiento. A veces usted mismo puede ver poco o ningún progreso espiritual, mientras que otros pueden ver mucho más. Otras veces usted puede sentir como que está en camino, sin darse cuenta que desdeña un área vulnerable. Decida ser franco con otros y permita que lo ayuden en su crecimiento.

¿Gobierna la Palabra de Dios los Hábitos de su Vida?

Esta pregunta se relaciona con su comportamiento. ¿Son sus acciones consecuentes con los mandamientos de Dios? ¿Está su carne ganando la batalla por el control de sus hábitos? Si usted está creciendo, sus hábitos deben estar conformándose más y más a la Palabra. ¿Continuaremos luchando en algunas áreas? ¡Por supuesto! Pablo lo hizo. El escribió: "Porque lo que hago, no lo entiendo; pues no hago lo que quiero, sino lo que aborrezco, eso hago" (Romanos 7:15).

¿Es Cada Vez Más Semejante a Cristo en sus Pensamientos, Actitudes, y Conducta?

Simplemente dicho, ¿es menos parecido al mundo y más como Jesús? ¿Está aumentando su semejanza a Cristo? Esta pregunta alude a la meta principal del cristianismo: ¡ser como Jesús! Cada año, usted debe ser más semejante a Jesús que nunca.

¿Y Después Qué?

Nunca alcanzaremos un lugar de perfecta madurez hasta que lleguemos al cielo. Pero nuestra madurez es para un propósito. No crecemos en Cristo para crecer solamente. Nuestro crecimiento no es parte de un concurso celestial en el que Dios proclame a un ganador del "Premio al Más Maduro". Al contrario, nuestro crecimiento debe impulsarnos al siguiente nivel—¡el ministerio! El siguiente paso natural de la madurez es el ministerio.

¡Usted ha estado creciendo! Está ahora listo para asumir un lugar de servicio en la iglesia local. La pregunta ha cambiado ahora de ¿cómo puedo crecer? a ¿dónde puedo servir? Para muchos cristianos esta decisión es difícil. El Programa *Edificamos Gente* tiene la siguiente fórmula para determinar un lugar de ministerio. La Primera Asamblea de Dios en North Little Rock, Arkansas, la ha encontrado eficaz para ubicar a centenares de personas.

La fórmula es el modelo D.C.H.P.E de Rick Warren. Job dijo a Dios: "Tus manos me hicieron y me formaron" (Job 10:8). Dios lo ha creado para un propósito específico. El lo formó y creó con sus propios dones, talentos, temperamento, y habilidades. Descubra su área de máxima efectividad al considerar lo siguiente:

D—Don Espiritual

¿Cuál es su don espiritual? El don espiritual que Dios ha dispensado a su vida lo ayudará a determinar su ministerio. Los dones de administración, enseñanza, hospitalidad, pastorado, etc., todos califican a una persona para diversas áreas de servicio. Pero aun las personas más dotadas son infelices e inefectivas cuando sirven en un área sin el don apropiado. Por ejemplo, ¿qué ocurre cuando las personas con el don de misericordia y repartimiento se convierten en administradores de negocio? Ellos "regalan la granja". Son incapaz de hacer cumplir las reglas y regular los gastos. No es su don. Un administrador de negocio debe tener el don de administración. Las personas se sienten satisfechas cuando sirven en áreas para las cuales han sido dotadas.

C—Corazón

¿Cuál es su pasión? ¿Qué le gusta hacer? Si su don es enseñanza y ama a los niños de 4 años, póngalos juntos. Usted nunca se sentirá plenamente satisfecho por enseñar a adultos. Si se siente incómodo con niños, no se ofrezca a trabajar en la sala de bebés. Dios nos habla por medio de nuestros deseos. Dios quiere que seamos felices y complacidos en nuestro servicio.

H—Habilidad

¿Cuál es su habilidad? ¿Qué hace bien? Si no puede cantar, no trate de unirse al coro. Todos tienen habilidades especiales. En vez de desear las habilidades de otros, conténtese con las habilidades innatas que Dios le ha dado.

P—Personalidad

¿Cuál es su personalidad? Algunas personas son extrovertidas, otras son tímidas. Algunas son emotivas, otras no. Descubra el área ministerial que se adecúe a su personalidad. Ciertas personalidades son más adecuadas para ministerios a personas. Otros lo son más para ministerios de procedimientos. Los ministerios a personas requieren habilidad para relacionarse, calidez, compasión, buena comunicación. Los ministerios de procedimientos requieren detalle, análisis, estructura, pensamiento concreto. Las personas extrovertidas son buenos ujieres, recibidores, recepcionistas. Ellas no son adecuadas para ser tenedores de libros, manejar el equipo de sonido, o ser directores de prensa. Encuentre un ministerio que se adecúe a su personalidad.

E—Experiencia

¿Cuál es su experiencia? ¿Qué ha hecho? Sus experiencias educativas, espirituales, vocacionales y aun dolorosas lo preparan para su ministerio. Dios le permitirá servir en un área en la cual tiene entrenamiento y experiencia. Por ejemplo, un conductor de camiones puede ser un buen conductor del ómnibus de la iglesia. Un carpintero es inapreciable en la construcción de escenarios para presentaciones de dramas. Un maestro de escuela es maravillosamente capacitado para enseñar la escuela dominical.

Las personas son más efectivas cuando están cumpliendo el propósito para el cual Dios las ha "formado". Estos puntos lo ayudarán a determinar su área de ministerio. Sin embargo, su ministerio se vuelve más significativo cuando usted depende del Espíritu Santo, el Gran Maestro.

Conclusión

¡Dios tiene un propósito para usted! A pesar de su actual posición en la escala de crecimiento, Dios desea utilizarlo. Al comprometerse al crecimiento y a la madurez espiritual, pida a Dios que abra sus ojos a las oportunidades para el ministerio. Los miembros de la iglesia que tienen un lugar de ministerio son más satisfechos, felices, y consagrados.

¡Resuelva hoy crecer en Dios! No hay atajos a la madurez. El camino a la semejanza de Cristo requiere determinación, dedicación, disciplina, deseo, devoción, y capacitación divina. Henry Wadsworth Longfellow escribió:

Las alturas que grandes hombres alcanzaron y mantuvieron
no fueron conquistadas por un vuelo repentino,
sino que mientras sus compañeros dormían,
siguieron ascendiendo en la noche.

Notas de Referencia

[1] Bruce Wilkinson, *The Seven Laws of the Learner* (Las siete leyes del estudiante) (Sisters, Ore.: Multonomah Press, 1992), 124-25.

[2] Rick Warren, adaptado de (Sisters, Ore.: Multonomah Press, 1992), 124-25.

[2] Rick Warren, adaptado de *The Purpose Driven Church* (La iglesia impulsada por un propósito) (Grand Rapids, Mich.: Zondervan Publishing House, 1995), 332-33.

[3] Gary J. Oliver, *How To Get It Right After You´ve Gotten It Wrong* (Cómo hacerlo bien después de haberse equivocado) (Wheaton, Ill.: Victor Books, Scriptures Press, 1995), 137-38.

[4] Stuart Briscoe, *Discipleship for Ordinary People* (Discipulado para gente común) (Wheaton, Ill.: Harold Shaw Publisher, 1995), 16-17.

[5] Mike Murdock, *101 Wisdom Keys* (101 Claves de sabiduría) (Dallas, Tex.: Wisdom International, 1994), 13.

[6] Michael M. Smith, ed., *Discipleship Journal,* Julio/Agosto. 1997, 61.

[7] H. B. London, Jr., "The Pastor´s Weekly Briefing" (Colorado Springs, Colo: Focus on the Family) 1, 5 de Septiembre, 1997.

[8] Mike Murdock, *Dream Seeds* (Semillas de sueños) (Dallas, Tex.: Wisdom International), 100-01.

[9] Briscoe, *Discipleship for Ordinary People* (Discipulado para gente común), 194-95.

[10] *Discipleship Journal,* 66.

[11] Bobb Biehl, adaptado de *Mentoring, Confidence in Finding a Mentor and Becoming One* (Nashville, Tenn.: Broadman and Holman Publishers, 1996), 29-30.

[12] Rod Loy, "Avoiding Staff Infection," *Enrichment* (Enriquecimiento), Concilio General de las Asambleas de Dios, Verano de 1997, 29-30.

[13] James M Kouzes y Barry Z. Posner, *Credibility* (Credibilidad) (San Francisco, Calif.: Jossey-Bass Publishers, 1993), 31.

[14] Idem., 32.

[15] Idem., 25.

[16] Jim Dethmer, adaptado de "Moving in the Right Circles"

(Moviéndose en los círculos correctos), *Leadership Journal,*Vol. XIII, no. 4, 86-91.

17 Rick Warren, adaptado de Dynamic Bible Study Methods (Métodos dinámicos de estudio bíblico) (Wheaton, Ill.: Victor Books, Scripture Press, 1989), 34-36.

. 18 Principios de tiempo a solas adaptados de sermones por Alton Garrison, Mike Goldsmith, Mike Murdoch, y Rick Warren.

19 Robert Clinton, *The Making of a Leader: Recognizing the Stages of Leadership Development* (La hechura de un líder: reconociendo las etapas del desarrollo del liderazgo) (Colorado Springs, Colo.: NavPress, 1988), 14.

20 Don Shula y Ken Blanchard, *Everyone´s a Coach: You Can Inspire Anyone to Be a Winner* (Todos somos entrenadores: usted puede inspirar a cualquiera a ser un ganador) (Grand Rapids, Mich.: Zondervan Publishing House, 1995), 85.

21 Idem., 121-22.

22 Stephen Covey, *Principle-Centered Leadership* (Liderazgo centrado en el principio) (Worthington, Ohio: Summit Books, 1991), 246.

23 Oliver, 134-135.

24 Shula y Blanchard, 30.

25 George Barna, *Turning Vision Into Action* (Tranformando la visión en acción) (Ventura, Calif.: Regal Books, 1996), 71.

26 H. Norman Wright, *Comunication Keys to Your Marriage* (Claves de comunicación para su matrimonio) (Ventura, Calif.: Regal Books, 1974), 169.

27 Bruce Wilkinson, *The Seven Laws of the Learner* (Las siete leyes del estudiante) (Sisters, Ore.: Multonomah Press, 1992), 288-89.

28 Howard G. Hendricks, *The Seven Laws of the Teacher* (Las siete leyes del maestro) (Portland, Ore.: Multonomah Press, 1987), 81.

29 Idem., 82-83.

30 John Maxwell, "Keep on Keeping On . . . Consistency." Una lección de Injoy Life; audio casete.